Silke-Joyce Ste . In den Vierwänden der Angst

Silke-Joyce Ste

In den Vierwänden der Angst

mit einem Vorwort von
Prcf. Dr. R. Meyendorf

ISBN 3-8311-2651-8
Herstellung: Books on Demand GmbH

Das verschollene Leben

Schilderung eines Alptraumes und sein Erwachen
(Bericht über eine Heilung von Angst und
Schwindelattacken mit Antidepressiva)

Prof. Dr. R. Meyendorf

Dieses Buch ist eine Krankengeschichte und ein Stück Literatur; man kann sagen: eine Krankengeschichte, die literarisch bearbeitet wurde. Ich beginne mit der Krankengeschichte. " 17 Jahre, vom Herbst 1980 bis zum Frühjahr 1998, war ich vom Leben weitgehendst verschollen." Mit diesen Worten beginnt der Bericht eines im wahrsten Sinne des Wortes vom Leben durch Angst, Depression und durch das Symptom des Schwindels, abgeschnittenen Lebens und sein Erwachen zum neuen Leben. Am Ende wird ein neues Wahrnehmen der Zeit beschrieben: " Sie ist Fest, ja sie ist Feierlichkeit der Tage. Sie ist ein schwebendes Fingerspiel, da wo die Finger vorher verkrampft und naß vor Aufregung waren. Sie ist selbst da noch schön, wo sie zusammengesetzt ist aus Clomipraminhydrochlorid und Amitriptylinhydrochlorid."

Das sind aber auch schon fast der einzige Hinweis und Bezug darauf, wem dieses Erwachen zum neuen Leben letztlich allein zu verdanken ist: dem Einsatz von Antidepressiva.

Außergewöhnlich ist dieser Erlebnisbericht einer jahrelangen qualvollen psychischen Erkrankung, die schließlich zu einem schweren Selbstmordversuch mit anschließendem viermonatigem Aufenthalt in einer Landesnervenklinik führte, in mancher Hinsicht:

Er unterscheidet sich von anderen Erlebnisberichten Betroffener dadurch, daß die Biographie der Autorin stark zurücktritt, ganz einem Alptraum entsprechend, aus dem man erwacht und aus dem man nur langsam zu sich kommt. Nur schattenhaft tritt die Person als biographisches Wesen in Erscheinung. Dafür tritt die Psychopathologie - das Krankheitsbild der Angst und Depression, begleitet von körperlichen Störungen des Schwindels und der Übelkeit - ohne daß dafür eine wesentliche organische Ursache in Frage käme - ganz in Vordergrund.

Ja, so lebt ein Mensch die Krankheit Depression oder Melancholie: die Normalität des Lebens mit ihren Konturen geht verloren, es öffnet sich eine andere Welt, die mit der normalen Welt nichts mehr zu tun hat. Deshalb ist das größte Erlebnis jeder Heilung von einer Depression das Wiedererleben des ganz normalen Lebens, seine Wiederentdeckung.

Im Verhältnis zum Ganzen beschreibt die Autorin -leider- nur auf kurzen 5 Seiten am Ende ihres Buches. Sie beschreibt es ähnlich traumhaft, wie sie den langen Alptraum beschreibt, nur ist es hier ein traumhaft schönes Erwachen und dort der böse Traum.

Es wird vom Leser nicht wenig verlangt, wenn es darum geht, diesem traumhaften Erlebnisbericht zu folgen, in ihm mitzukommen. Die kurz geschilderten lebensgeschicht-lichen Ereignisse - Kindheit, Studien-, Erwachsenenwelt, eine Kretareise - tauchen nur kurz auf, um unterzugehen im Symptombild von Angst und Depression, das alles beherrscht.

Der Ausgangspunkt der Angst, das angstprägende Erlebnis, das das Innere, das Ich von Kindheit an bestimmte, das "kein anderes Gesetz als das der Angst kennt ", werden in der "ersten Exekution meiner Seele" beschrieben, die die 7-jährige erfährt, als sie Hilfe für ihre todkranke Tante herbeiholen muß, indem sie den Friedhof überqueren mußte.

Als 10-jährige erfährt sie die "zweite Exekution" ihrer Seele - den Vergewaltigungsversuch durch den Onkel. Die angst-prägende Einsamkeit des in seiner Not in der Welt allein gelassenen Mädchens wird da mit Worten beschrieben, die das Kind noch nicht hatte, die sich jetzt aber sprachlich zu einem Bild gestalten. Es gibt eine

letzte, "dritte Exekution der Seele," der kein bestimmtes traumatisches Erlebnis zugrunde lag: der Nervenzusammenbruch in der Straßenbahn in S. ,- auf dem Weg mit einem Geschenk für den jahrelang die literarische Arbeit betreuenden Doktorvater. Dieser Zusammenbruch war das Ende des Kampfes. Das Erwachen aus diesem Erlebnis war die Einsicht: auch in der Heimat der Poesie ist das Licht ausgegangen. Der jahrelange Kampf gegen die Unterwelt der Depression und Angst mit den Waffen der Poesie und Kunst war vergeblich gewesen, er war verloren. Das Besondere in der Darstellung der Psychopathologie des depressiven und von Angst geprägten Seelenlebens ist die sprachliche Kunst, mit der sie beschrieben wird, und die sich von vielen anderen "nüchternen" Erlebnisberichten von Betroffenen unterscheidet, die ähnliches erlebt und beschrieben haben. Höhepunkte aber sind die lyrischen Einblendungen, die Poesie der Melancholie, die das ganze Buch begleiten, die am Ende oder Anfang eines Kapitels stehen.
Hier zeigt sich die Kraft der Sprache, die auch depressive Lyrik schön macht, die aber kein Heilmittel gegen die Krankheit ist. Dies zeigt diese Krankengeschichte. Es ist der vergebliche Versuch der Bewältigung der Depression mit künstlerischen Mitteln, den die Patientin hier beschreibt.
Für den Arzt, der um das Sterben aller Kunst in der Tiefe der Angst und Depression (vgl.: Bohren, Rudolf: "In der Tiefe der Zisterne - Erfahrungen mit der Schwermut." München. 1990) weiß, ist dies nichts Neues. Und auch der Betroffene erfährt es in jeder Krankheitsphase aufs Neue. Am Beginn der Erkrankung gibt es zwar immer noch den Versuch, sich gegen die Erfahrung der Gefühllosigkeit und Ideenlosigkeit, der Einfallslosigkeit und "Leselosigkeit" aufzulehnen, die den Zugang zu

Literatur und Poesie so unendlich schwer macht, bis die Erfahrung der seelischen Blindheit und Taubheit oder auch die nackte Angst, den Zugang zu allen Künsten unmöglich macht.

Das bringt die Autorin in ihrer Krankengeschichte jetzt im Rückblick zur Sprache. Sie zeigt, wie das Schützende in der Kunst, in den Gedichten, in den Gemälden, das ihrer Seele lange Halt gegeben hat, verloren geht. Die Philologin der deutschen Literatur schildert hier, wie die Kunst im Tiefsten selbst fragwürdig wird, wenn in der Depression das nackte Leben in Frage gestellt wird: "Ich rezitierte und zitierte Gedichte, leise und fast ohne Stimme, die gestikulierenden Hände unterstrichen die stimmlosen Worte, die mich auf andere als diese erstickenden Gedanken bringen sollten, die sich in meinen Kopf wie ein Gewürm geschlichen haben." Das Licht, von dem sie glaubte, daß es ihr niemand in der "Heimat der Poesie" nehmen könne, verlöschte, ging in der Symptomatik von Angst und Depression aus, die stärker war, als alle Poesie und Malkunst; sie wurde ihr unbarmherzig genommen. Das Kapitel "Melancholie und Poesie im Gebäude der Lyrik" hielt der Wirklichkeit eigenen depressiven Erlebens nicht stand.

Es gab keine Bewältigung dieser höllischen Krankheit mit Hilfe der Poesie oder der Malerei, sie führte geradewegs in den schweren Selbstmordversuch, aus dem die Autorin nur durch ein gnädiges Geschick gerettet wurde.

Das führt uns noch einmal zurück zum Krankheitsbild "Angst und Depression", das erst nach 17 Jahren - letztlich nur mit Hilfe einer konsequenten Therapie mit Antidepressiva - geheilt wurde, so wie eine Infektionskrankheit nur durch Antibiotika geheilt wird, eine Unterfunktion der Schilddrüse nur durch Gabe des fehlenden Schilddrüsenhormons, eine Mangeldurchblutung des Herzens durch Öffnung der Herzwandgefäße und ein schwerer Diabetes nur mit Hilfe von Insulin zu heilen ist.

Dieses Buch ist deshalb, so sehr es auch ein Stück Angst- und Depressionsliteratur ist, in erster Linie doch ein Buch, das Betroffenen Hilfe sein will. Zu den Mitbetroffenen eines an einer Depression Erkrankten gehören seine nächsten Mitmenschen: die Angehörigen, die Freunde, der Kreis von Menschen, dem der Betroffene nicht gleichgültig ist, und die doch alle häufig die Krankheit nicht nur in ihrer tödlichen Gefahr, sondern auch schon nicht in ihrem eigentlichen Wesen erkennen, nämlich daß die Ängste und Depressionen, unter denen die Kranken leiden, nichts mit den menschlichen Ängsten und Depressionen zu tun haben, die zum Leben gehören, die jeder Mensch kennt; gerade von denen, die es mit dem Kranken gut meinen, fühlt dieser sich in seiner Not im Stich gelassen, weil sie ihn, d.h. seine Krankheit, nicht verstehen.

Das macht die Krankheit für den Betroffenen so doppelt qualvoll: das Erleben des unbeschreiblich krankhaft veränderten Seelenlebens und zugleich das Wissen: kein Mensch versteht das, nimmt es mir ab. Darum ist Unverständnis dem Wesen der Krankheit gegenüber, von Seiten Nichtbetroffener, die Regel. Darum werden diese Ängste und Depressionen von den Leidenden auch immer wieder mit den Begriffen "unsagbar, unbeschreiblich, teuflisch, höllisch, dämonisch" beschrieben, ein krankhaftes Erleben von Wirklichkeit, das sie ihren ärgsten Feinden nicht wünschen. Dieser Satz fällt häufig und ist ernst gemeint.

So sind dann auch die Selbstmorde zu erklären, die kein Mensch verstehen kann, wenn Kranke, die lange Zeit ihrer Umwelt mit letzter Kraft ein unauffälliges Gesicht zeigen

11

konnten, schließlich aus dem Leben gehen. Die Kunst des Zeigens eines normalen Gesichtes, des Tragens einer normalen Maske, womit man in der "normalen Welt" nicht auffällt, ist groß. Wie Menschen große Schmerzen lange verbergen können, so können Depressive auch ihren "seelischen Schmerz" lange verbergen, die unaussprechlich qualvolle Symptomatik.

So wenig wie Nichtbetroffene das Wesen krankhafter Ängste und Depressionen verstehen, ebenso wenig verstehen sie die überschwänglichen Reaktionen und Dankbarkeit jener, die aus der Hölle der Ängste mit Hilfe einer antidepressiven Therapie herausgeführt werden. Ihr dankbares Staunen darüber, wie dies mit Hilfe von "Chemie" gelingen konnte, stößt bei ihren Mitmenschen auf viel Skepsis und Ablehnung, weil der Gedanke, daß seelische Störungen und Krankheiten in erster Linie mit Hilfe von Medikamenten geheilt werden sollten, für viele immer noch ein schwer zu fassender und zu begreifender Gedanke, eine geradezu unmögliche Vorstellung ist. Sie glauben, daß seelische Krankheiten nur durch Psychotherapie, die die "wahren Ursachen" der Störungen aufdeckt, oder durch Verhaltenstherapie, in der es um das "Umlernen verkehrter Denkweisen" geht, zu heilen seien, jedoch niemals durch Medikamente. Die medikamentöse Therapie seelischer Störungen und Krankheiten verbinden sie immer noch mit der Vorstellung von Medikamentenabhängigkeit und Persönlichkeitsveränderungen durch das Medikament, von dem sie bestenfalls annehmen, daß es - an der Oberfläche - nur die Symptome, niemals jedoch die Ursachen der Depressionen, Ängste, Zwangsvorstellungen etc. heilen kann. Das aber ist der grundlegende Irrtum, wie die Krankengeschichte dieser Patientin beweist, die sich einem psychotherapeutischen Verfahren ohne Erfolg unterzogen hat.

Es muß an dieser Stelle auf den Stellenwert der Psychotherapie und anderer, nichtmedikamentöser Therapieverfahren bei der Behandlung von Ängsten, Depressionen, Zwangskrankheiten und anderen Neurosen verwiesen werden, bei denen diese Therapieverfahren in der Regel immer noch an erster Stelle zum Einsatz kommen: was immer sie auch an Positivem leisten mögen in der Aufdeckung frühkindlicher und späterer traumatischer Prägungen in der Biographie des Patienten, so viel dieser auch daraus über sich erstmals ganz neu erfährt und wie einleuchtend und aufklärend diese Therapien auch sein mögen, sie sind letztlich einzig und allein am Therapieerfolg der Symptomatik zu messen, mit der der Patient zum Therapeuten kam. Das ist nämlich der entscheidende Einwand gegen die nichtmedikamentösen therapeutischen Verfahren: die Erkenntnis über die Krankheit und die Selbsterkenntnis des Patienten wird groß und größer, der Heilerfolg, was die Symptomatik angeht, bleibt praktisch null.

Wird der Patient, der sich schließlich auf eine medikamentöse Therapie mit Antidepressiva einläßt, dann letztlich auf das Modell eines rein biologischen Wesens reduziert? Keineswegs, auch das zeigt die Krankengeschichte dieser Patientin deutlich, die ja mehr als eine Krankengeschichte ist, die nur den medizinischen und biologischen Aspekt - wie etwa die Krankengeschichte einer überstandenen Infektion oder einer gelungenen Operation - widerspiegelt. Es ist der ganze Mensch mit seiner Biographie und seinem Schicksal, der hier vor Augen tritt, wenn er auch durch das Symptombild der Angst und Depression und der körperlichen Symptomatik entstellt, nur schattenhaft und traumhaft in Erscheinung tritt.

Daß der Mensch mehr als ein biologisches Wesen und sein

Seelenleben mehr als das Produkt seines Gehirn-stoffwechsels ist, das zeigt sich nicht nur da, wo es um die Frage der - vergeblichen - Bewältigung dieser Krankheit mit den Mitteln der Poesie und Malkunst geht, sondern wo die angstprägenden Kindheitserlebnisse gleich am Anfang dieser Krankheitsgeschichte als Schlüsselerlebnis stehen, und wo das subjektive Erleben der Kranken auch noch einmal in dem sehr ausführlichen Kapitel, das den Entschluß zum Selbstmord und seine gedankliche Beschäftigung mit der Ausführung desselben zum Inhalt hat, beschrieben wird, nachdem die "dritte Exekution der Seele" vorausgegangen war und sich die pathologische Gewissheit, daß es aus dieser Krankheit kein Heraus-kommen mehr gibt, eingestellt hatte.

Die Psychologie und der Mensch als geistiges Wesen - nicht nur als biologisches - spielen in der Angst und Depression eine ganz wesentliche Rolle im Erleben der Krankheit, die ja geistig, seelisch und körperlich erlebt wird - das Letztere hier im Leitsymptom des Schwindels.

Die geistige Auseinandersetzung mit der Symptomatik, das ständige Reflektieren des krankhaften Erlebens sind ja das besonders Qualvolle in der Depression. Die Autorin beschreibt das nie enden wollende Antizipieren eines grauenvollen neuen Tages, die Vorwegnahme der Angst, die "Angst vor der Angst", die gewiss kommt. Und dann das Erleben des "Absturzes", den teuflischen Kreislauf der Symptomatik: in der Befürchtung und im Ereignis wird es doppelt erlebt: "Ich wußte nur Eines: bald würde sich der Horrortag in seiner ganzen Tragweite wieder zeigen...Seit zwei Jahren in dieser Intensität und in diesem Grauen."

Die Autorin kann einen Zeitpunkt nennen, auf den Beginn der Erkrankung zurückblicken. Obwohl in der Depres-sions- und Angsterkrankung, wenn der Kranke mitten drin ist, im Rückblick das gesamte Leben eine einzige

Symptomatik ohne Lichtblick ist, können die Patienten in der Regel doch angeben, wann die Krankheit oder die letzte Krankheitsphase begonnen hat - ein Zeichen dafür, daß die Angst und Depression eine Krankheit ist, die wie jede andere Krankheit zu einem Zeitpunkt beginnt und auch einmal sein Ende haben wird. Dieser Glaube aber fehlt dem seelisch Kranken, im Unterschied zum körperlich Kranken, grundsätzlich.

Die Psychopathologie der Depression und Angst, ihre für Nichtbetroffene nicht nachzuvollziehende Symptomatik im einzelnen, wird in diesem Buch - im Gegensatz zu den psychiatrischen Lehrbüchern - aus dem subjektiven Erleben der Kranken in sehr differenzierter Weise beschrieben: die ungeheure Schwere des Seins, wo das Aussprechen eines Wortes, das gesagt sein soll, schon eine unüberwindbare Last ist, wo die Ruhelosigkeit sich in der Ziellosigkeit der motorischen Bewegungen und in Planlosigkeit zeigt, wo die kleinste, selbstverständlichste Handlung - das Abheben des Telephonhörers bei einem Anruf - bereits Panik auslöst und wo das Zeiterleben schmilzt auf den Punkt des Bewußtseins der nicht mehr auszuhaltenden Zeit, in der nur noch der eine Gedanke gedacht werden kann: wenn das kein Ende nimmt, dann bringe ich mich um.

Der Hoffnungsschimmer aber ist es, der sich in "klareren und leichteren Stunden" zeigt, daß es doch einen Weg heraus geben muß aus dieser Finsternis der Seele, daß der Kranke verzweifelt nach Hilfe sucht und die Autorin nach Büchern noch und noch, die sich mit dem Thema Angst beschäftigen, greifen läßt. Es gibt aber keinen Weg, so hilfreich auch manche Ratschläge, das Leben, die Einstellung oder seine Verhältnisse zu ändern, sein mögen, der am Weg der Therapie der Depression mit Antidepressiva vorbeiführt. Der Weg, der dorthin führte, beschreibt die Autorin. Sie schildert die oft unüberwindbar erscheinenden Schwierigkeiten in der Durchführung dieser Therapie, vor allem das Warten auf die ersten Zeichen des Erfolges, was unter Umständen mehrere Wochen dauern kann. Wenn der Erfolg sich aber einstellt, dann wird es Licht; in manchen Fällen sehr plötzlich, in den meisten Fällen ist es aber so, daß sich die Dunkelheit langsam lichtet, so wie der Tag nach einer längeren Dämmerung endlich hell wird.

Der literarische Aspekt

Die Gedichte sind poetische Kommentare zur Krankengeschichte, die sie von Anfang bis zum Ende begleiten. Liebeslyrik, Naturlyrik, religiöse Lyrik bringen erhebende Gefühle zum Ausdruck, die Lyrik der Melancholie bewegt sich abwärts, zieht in die Tiefe, wo sie schließlich verstummt.

Bei Hölderlin ist die poetische Kunst noch am gebrochenen Gefäß zu erkennen, nachdem er an einer Schizophrenie erkrankte, bei Dichtern, die an einer Depression erkranken, bleibt das Gefäß erhalten, der Inhalt aber lässt auf krankmachende Gedanken schließen - schön nach Form und Inhalt ist aber auch die Poetik der Melancholie.

Melancholische Lyrik ist aber nur möglich im Vorfeld der Depression, da, wo sich die Angst ankündigt ; sie ist auch noch da möglich, wo es langsam immer dunkler wird, da wo die Angst sich steigert.

Nachtgesänge sind - medizinisch aus der Sicht der Krankengeschichte gesehen - immer noch Gesänge um den verfinsterten Tag oder sie sind auch schon wieder Gesänge, wo sich erstes Tageslicht zeigt. In der Nacht der Depression bleibt das Herz stumm, der Mund öffnet sich nicht. Poesie ist nicht mehr möglich.

Solange noch ein Gedicht aufs Papier gebracht werden kann, gibt es noch Hoffnung. Der Schrei in der Nacht soll ja gehört werden, wenn nicht vom Nächsten, so doch noch vom eigenen Herzen, das Zwiesprache hält. So sind die Gedichte unserer Autorin auf dem Weg zum Suizid auch die Lichter, die noch angezündet werden und sie sind es, die wieder angezündet werden nach dem Erwachen auf der Intensivstation. Ich versuche, zu den Gedichten etwas zu sagen. Einmal mehr zum Inhalt, ein anderes Mal mehr zur Form.

Von den sich zu verlierenden Städten abgeschnitten
Ein Grundgefühl in der Depression: Am Leben nicht mehr teilzunehmen. Ohnmächtig kämpft das Gefühl in den 4-Satz-Aussagen "abgeschnitten, eingegraben, beworfen, ausgesperrt" dagegen an. Die poetische Kraft liegt in der letzen Zeile: "Berührt aber von der Vergänglichkeit einer warmen Schneeflocke." Die Berührung von einer Schneeflocke als Ausdruck der Vergänglichkeit - das Sterben gleichsam vorweggenommen.

Wirbelndes Blatt
Das helle Bild *der strahlend schweigenden Olivenhaine stürzt ab in den graslosen Frost.* Das Bild kippt um, erstarrt wie Dürers Melancholia I.

Die blau geränderten Fenster
Trostlosigkeit und Trauer sind der Rahmen dieses Bildes, in dem Dunkelheit herrscht. Dreimal kommt das Wort vor, die Grundstimmung wiedergebend, in der der poetische Ausdruck *im Spiel der Gräser, Gesang des Moores, Abgesang des Fensterlosen* erhalten bleibt. Das ganze Gedicht ein Ringen um das Erhaltenbleiben der Erinnerung, wie an gesunden Tagen das Leben war *vor*

der Halle des Abschiedes.
Die Halle des Abschiedes war aber die 17-jährige Gefangenschaft im Gefängnis der Melancholie.

Das lächelnde Gesicht wirft Schatten
Meine sind nicht mehr zu halten,
sie gehen im östlichen Licht unter
spurlos.
Die Kranke drückt mit diesen Zeilen die Erfahrung aus, was es heißt, in der Depression das Gesicht wahren zu müssen, noch wahren zu können. Und sie drückt es aus im Motiv des Verlustes des Schattens.
Der Schatten gehört zum Menschen. Da, wo der Schatten verloren geht, ist der Mensch verloren.

Kalt klirrend ergoss sich die Nacht
Die Depression nimmt an Stärke zu. Natur und menschlicher Raum erstarren - wieder Dürers Melancholia I vor Augen - gleichsam gemeinsam gefrieren Mensch und Natur.
Die Zeit beraubte Zeit aber ist ein weiteres Grundgefühl in der schweren Depression, das des Stehensbleibens der Zeit.

Füße im Sumpf sind die der Gescheiterten
Sumpfgefühle - auch ein Grundgefühl in der Depression. Es ist kein Vorwärtskommen, nichts geht von der Hand, alles ist unendlich mühsam.
Die matten Füße kennen die Kreuzung nicht mehr. Der Depressive weiß nicht mehr, wo es lang geht, er hat die Orientierung verloren.

Die Erinnerung
Die eiskalt am Horizont klebt und
Das Lächeln zur Fratze macht
sagt alles, wie es im Depressiven aussieht.

Die Stille ist mit den Herbstzeitlosen
In den Raum getreten
Dieses Gedicht ist das Vermächtnis des Abschiedsbriefes.
Es zeigt, daß die poetische Kraft des Ausdrucks noch da
ist, jedoch nicht in der Lage ist, den *Sturz* von den
Felsenklippen aufzuhalten.

Mit teuflischem Gesicht lächelt der Tag
Zwei Bilder in diesem Gedicht, das von der
Unausweichlichkeit des nicht mehr Weiterleben-Könnens
in der Depression weiß:
1. *Die Fratze des anbrechenden Tages, teuflisch lächelnd,*
weil dieser Tag weiß, daß es keine weiteren Tage, die zu
zählen wären, geben wird und
2. Das *Wintertodesbild im Bodenlosen des Getrenntseins.*
Die eigentliche Aussage des Gedichtes liegt aber in der
Mitte. Sie ist in der Frage enthalten:
Abschied nehmen
Abschied vom Tod
oder vom Leben?

Grell weißes Licht fällt auf den
nackten und verkabelten Körper
Die Anatomie und Autopsie des sich auf der
Intensivstation wieder findenden Selbstmörders wird hier
beschrieben. Hier geht es nicht um das Zurückkehren ins
Leben, nachdem ein Blick ins Paradies geworfen werden
durfte, und hier ist nicht die Rede vom
Geschauthabendürfen eines befreienden Lichtes, hier

19

bricht kein neuer Tag, sondern eine neue Nacht - die alte Nacht - wieder an.

Für dich gibt es keine Tür, als die des Käfigs
Meisterhaft wird hier die Melancholie des Weiterleben-Müssens nach einem Selbstmordversuch beschrieben.

Kein Ort, als der der vier Wände
Kein Fenster, als das des Gitters
Keine Brücke
Mehr
Als die der Gebrochenheit
und was bleibt noch?

Dürre Gräser
Starrende Hohlaugen
Verbrannte Träume
Abgebrannt auf der hölzernen Treppe
Das Erwachen nach einem Selbstmordversuch ist der Schrecken: Es geht weiter, muß weitergehen, wo es kein Weitergehen mehr gibt. Das ist die Erfahrung der Trostlosigkeit des Erwachens.

Hell und licht ziehen Blauwolken
Der kretischen Erde entgegen
Hoffnungsschimmer und dunkles Ahnen mischen sich hier. Dieses Gedicht wird durch eine scharfe Linie genau in der Mitte getrennt. Verheißen die ersten vier Zeilen neu geschöpften Mut, ersticken die letzten vier Zeilen diesen Mut gleichsam mit bösen Ahnungen. Beides, die Hoffnung und der Hoffnungsabsturz werden hier zum Ausdruck gebracht.

Wirbelndes Blatt, erklommen hast du
Freudig den Bergkamm
Das gleiche Gedicht, das den Todesweg in der Depression
bis zum Selbstmordversuch am Anfang der Kranken-
geschichte beschreibt, wird jetzt nach dem Selbst-
mordversuch noch einmal zur Sprache gebracht, noch
einmal oder wieder das Erlebnis: "Kreta wurde mir zu
Alcatraz. Inmitten des bunten Lebens wurde ich zur
Gefangenen auf einer nicht mehr zu erreichenden Insel".
Noch einmal das Erleben des Abstürzens vom freudig
erklommenen Bergkamm.
Vorbei an strahlend schweigenden Olivenhainen
In den graslosen Frost.

Am verglasten Strand ist das Wort bedeutungslos
Das letzte Gedicht steht bereits im Krankenblatt der
Genesenden. Der Krankheitsverlauf wird noch einmal in
diesem Gedicht als Epikrise zusammengefasst und diese
wird auf den Punkt gebracht, in den persönlichsten
Empfindungen der Kranken. Unter dem Schlüsselwort des
bedeutungslos gewordenen Wortes meldet sich die Ich-
Lyrik wie in keinem der vorangegangenen Gedichte zu
Wort, ohne daß in diesen Versen ein einziges Mal das
Wort Ich in Erscheinung tritt.
Es geht um das Wort des nahen und nächsten Menschen
der Autorin, das in der Melancholie auf trockenen Boden
fiel, das nicht aufgenommen werden und nicht aufgehen
konnte:
Es verliert sich im Wolkenbruch
Der sich unaufhörlich auf die trockene Wiese ergießt.
Das Wort wird bedeutungslos, weil der Boden, der
Bedeutung schafft, durch die schwarze Galle vergiftet war:

21

Es windet sich durch die Gezeiten der Kanäle
Und schäumt in den wunden Arterien und Gedärmen
Ohne dem anderen zu begegnen.

Daß die Krankengeschichte poetisch ausgedrückt so endet, hat damit zu tun, daß bei der Kranken keine bipolare manisch-depressive Erkrankung besteht, in der sich Depression und Manie abwechseln, sondern nach Karl Leonhard handelt es sich hier um das Bild einer "reinen Depression", und zwar um das der "gehetzten Depression", einer sogenannten "agitierten Melancholie". Wäre die Kranke grundsätzlich bipolar manisch-depressiv veranlagt, hätte am Ende der Krankengeschichte wahrscheinlich so etwas wie ein Hymnus an das Leben und an die Freude gestanden, wäre im Rückblick die Krankengeschichte der Depression wahrscheinlich aber auch schon in weite Ferne gerückt. Die Dichterin hätte sie nicht wahrhaben wollen. So kann ein monopolar-depressiv Veranlagter mit seiner Krankheit nicht umgehen. So auch nicht der melancholische Lyriker. Das zeigen auch die letzten Seiten dieses Buches, in denen die Autorin beschreibt, wie sie geradezu behutsam nach 17 Jahren die Gefängnismauern der Melancholie verlässt und sich tastend neu ins Leben bewegt. Schritt für Schritt die Welt neu erobernd, häufig staunend, wie ein Kind, das seine Angst, sich in Situationen vorzuwagen, überwunden hat und nun stolz darauf ist, wie es selbstständig wird: Hier die Erkundung einer Straße, die jahrelang nur Schrecken einflößte, da die Entdeckung eines belanglosen und kleinsten Schaufensters. Das sind die glücklichen Erfahrungen, die sie macht. Daß Autos "laut und lärmig" an ihr vorbeirollen, das ist die glücklichmachende Entdeckung des ganz normalen Lebens. Sie spürt, daß dies sie glücklich macht - weil keine Panikattacke sie überrascht. "Es ist schön, die Benzinluft zu fühlen". Daß dieser Satz möglich, daß er wichtig, geradezu ein Gradmesser der Gesundung ist, das versteht nur der, der weiß, was es heißt, Jahre und jahrzehntelang im Gefängnis der Angst gewesen zu sein.

Auf den letzten Seiten dieses Buches wird das letzte Gedicht von dem in der Melancholie bedeutungslos gewordenen Wort des nahen und nächsten Menschen, der den Kranken mit seinem Wort nicht mehr berührt und erreicht, beispielhaft existenziell ausgelegt.

Die Menschen, um die es ging, treten plötzlich hervor, schattenhaft nur, werden aber so im Rückblick, jetzt, wo der Alptraum zu Ende ist, bewältigt.

Romano Guardini schreibt in "Vom Sinn der Schwermut": "Die Schwermut ist etwas zu schmerzliches, und sie reicht zu tief in die Wurzeln unseres menschlichen Daseins hinab, als dass wir sie den Psychiatern überlassen dürften".

Ich danke der Patientin und der Autorin dieses Buches, daß sie das Kapitel der Schwermut in ihrem Leben nicht allein den Psychiatern überlassen hat, daß sie sie nach ihrer Gesundung auch zu einer geistigen Angelegenheit gemacht und in der Lyrik der Melancholie zur Sprache gebracht hat.

Prof. Dr. R. Meyendorf

In den Vierwänden der Angst

17 Jahre, vom Herbst1980 bis zum Frühjahr 1998, war ich vom Leben weitgehendst verschollen.

Nur ein Blick in eine der sechstausendeinhundertachtzehn langen Nächte und der noch längeren Tage, der andere Blick in die achthundertvierundachtzig lang währenden Wochen reicht, um das grausame Etwas zu beschreiben, das nicht ein Leben war. Das nichts anderes war, als in der Kunst zu hausen, das nichts anderes kannte als Vierwände, die immer enger wurden und sich allmählich zu einer Festung verdichteten. Sie bekamen jedoch immer wieder einen Farbanstrich, bis er schließlich im Schwarz gipfelte, um mir wenigstens einen Hauch eines wechselhaften, bewegten Lebens vorzutäuschen. Selbst die darin stehenden Möbel unterlagen diesem ständigen Wechsel - architektonisch teils gelungen, teils glatte Fehl- verrückungen -, indem sie von einer in die andere Ecke geschoben wurden. So war wenigstens das Äußere, das mich Umgebende, das einem Panzer glich, in Bewegung. Denn ich konnte den tagtäglichen Anblick des Starren, des Unbeweglichen und des hölzernen Status quo nicht mehr ertragen, weil einfach nichts in diesen Vierwänden passierte. Nicht nur meine Gedanken kreiselten, auch die Schwere meines Daseins geriet immer mehr in den Strudel des unberechenbaren Kreiselns. Es gab weder einen Anfang noch ein Ende, es war ein Zustand, ein elender Zustand, der immer und immer wieder in einer Sackgasse endete. Das Innere, das Ich, kannte jedoch kein anderes Gesetz als das der Angst. Angst vor allem und Angst mit allem. Sie schwoll immer mehr an, bis sie zuletzt zur Sintflut wurde. Ein Alptraum. Mein Leben war eingespannt in einen Raum, der nicht mehr weiterging als bis zur fest verschlossenen Tür, an der das Brett genagelt zu sein schien: "äußerste Lebensgefahr! Zurückbleiben", hinter der selbst die fernen Schritte meiner Nachbarn mich in die letzte Ecke meiner Wohnung trieben. Ein kleiner Zufall gab mir ein Leben zurück, außerhalb der von verwelktem Efeu umgebenden Gemäuer. Er führte mich in die Straßen und Gassen zurück, die des Lebens. Die langsamen, unsicheren Schritte in das Leben waren für mich kleine Wunder. Ein kleiner Zufall, oder war es Fügung, hob die alptraumartige Begrenzung auf, die scharfschnittiger als jeder Fall der Guillotine war.

Von den sich zu verlierenden Städten abgeschnitten
Von den ins Weite weisenden Straßen unterwegs
eingegraben
Von den menschlichen Verdünnungen mit Steinen
beworfen
Von der sich umarmenden Baumgruppe ausgesperrt
Berührt aber von der Vergänglichkeit einer warmen
Schneeflocke.

In jener Nacht hörte ich eine rufende Stimme, die wie aus der Ferne klang, in das dunkle Zimmer eindrang und die schwere Kälte ausfüllte, als ich erwachte. "Kind, hilf mir". Ich zitterte und wußte noch nicht, was um mich geschah, bis ich den schweren Atem der Tante im Nebenbett hörte. Ich kam an ihr Bett und schaute sie an. In der Dunkelheit sah ich nur ihre sprechenden Lippen und die halbgeöffneten Augen. "Kind, hol schnell den Doktor." Ich wußte nur eines, der Doktor wohnte am Friedhof, in einem schwarzgrauen Haus. Mein Körper begann im Ganzen zu zittern. Die Kälte kam vom Boden, unter ihrem Bett, über ihre schwere Decke, zog durch die Beine und Arme. Ich weinte und sagte mehrmals, daß ich nicht kann. In meinem Kopf erschien der Friedhof mit seiner Allmacht, womöglich noch im fahlen Mondschein. "Komm ... geh schon... schnell". Die Nacht draußen war etwas heller, aber kälter. Ich blieb kurz an der Tür stehen und sah um mich, niemand war da. Nur die dunkle Straße, die zum Friedhof führte. Ich war zu jener Zeit 7 Jahre alt und wußte nicht, warum ich so lange zu meiner Tante gebracht wurde, die allein in diesem Haus wohnte, da ihr Sohn und ihre Tochter nicht da waren. Meine Tante war sehr krank und ich sollte sie pflegen , über den langen Winter. Mit einem Schlag, über dessen Härte sich niemand Gedanken machte und später auch nicht im Klaren war, wurde ich aus meiner Kindheit herausgerissen, die bis dahin aus dem bißchen Schule, dem Garten mit den Blumen und Gräsern, und dem kleinen Bach vor unserem Haus bestand. Ich hörte langsam zu weinen auf, da es eh sinnlos war. Ich mußte jetzt irgendwie durch den Friedhof gehen. Von mir merkte ich nur noch das Trommeln meines Herzens im Brustkorb und meine zitternden, erkalteten Beine und Hände. Ich mußte die Tante retten, da sie sonst bald sterben wird, ich mußte so schnell wie irgendwie möglich durch den Friedhof laufen, damit kein Geist mich fangen konnte, ich mußte meine Augen aufmachen, damit ich rechtzeitig den Geist sehe, ich konnte aber den Friedhof nicht so genau ansehen, falls ich doch etwas entdecken würde....Ich mußte beim Laufen links und rechts von mir sehen, ich mußte auch hinter mir sehen. Die Schritte knirschten auf dem mit Kieselsteinen bedeckten Weg. Ich begann durch den Friedhof zu laufen. In mir war nur noch Angst. Der Wind des Novembers riß durch die Zweige, ihre beweglichen Schatten wankten, schaukelten hin und her wie die betrunkenen Geister, die sich hinter jedem Baum, jedem Grabstein, jedem steinernem Kreuz mal versteckten, mal kurz zeigten, immer aber bedrohten und grausam triumphierend lachten. An jener Kreuzung mitten drin im Friedhof, wo ein großes schwarzes, für mich gigantisches Grabhaus stand, wo ich mich am meisten fürchtete, da ich viel Unheilvolles dahinter vermutete und erwartete, konnte ich vor Erstarrung meiner Beine nicht mehr richtig laufen. Ich konnte aber auch nicht mehr den Weg zurücklaufen, da die Tante im Sterben lag und da die Geister, die aus der Gruft entspringen, mir genauso hinterher jagen und mich verfolgen würden. Von der Angst vollkommen erfaßt, blieb ich kurz stehen und schaute den Friedhof um mich herum an. Dann machte ich die Augen zu und lief die restliche Strecke durch. An der Tür des Hauses, in dem der Doktor wohnte, brach ich fast vor Atemlosigkeit zusammen und stolperte über jedes Wort, das den Zustand der Tante beschrieb. Die Tante lebt heute bei guter Gesundheit bei ihren Kindern. Ich wußte als Kind zu dieser Zeit nicht, daß ich mein ganzes Leben lang vor einer unendlich dauernden Kette von Ängsten zusammenbrechen werde, angefangen mit dieser Angst einer siebenjährigen, die aus ihrer heimatlichen Umgebung herausgeschnitten in eine ihr fremd und bedrohlich erscheinende Welt hinein geworfen wurde, beladen mit einer Aufgabe, die einem Kind nicht entsprechend war.

Auf der steinernen, ausgetretenen Treppe, die ins kränkelnde Haus führte, vollzog sich ein Bruch, das grüngelbliche Efeu am Treppenabgang gab das Geleit zum Abschied. Ein Abschied, der so hart war, wie der Abschied von meinem Vater, der nach dem Besuch in seinem grauen langen Wintermantel, gebeugt durch das Wissen des Ungerechten, am Straßenhorizont immer mehr sich entfernte.

Es war die Exekution meiner Seele, die erste.

Leichten Herzens fuhr ich mit dem Zug nach Tübingen und ich saß, wie Monate später auch im zweitletzten Abteil, als ich in Tübingen aufs Gymnasium ging. Der Geruch des frisch gebohnerten und gewachsten Abteils blieb mir lange Zeit in der Nase. In Tübingen angekommen, schlenderte ich durch die Unterführung und spielte auf dem glatten Gesteinsboden, der fast spiegelte, Tänzerin, indem ich auf dem Stein glitt und manche Tanzfigur nachahmte. Ich fühlte mich schwebend und leicht. Wie immer, wenn ich meine Tante und den Onkel besuchte, ging ich durch den wunderschönen Platanengarten. Nichts trübte den Neckar, der nicht unweit von der Wohnung meiner Tante gestaut wurde. Die Tiefe des Wassers erschien mir aber immer bedrohlich. Auf mein Klingeln hin öffnete meine Tante, die wie immer ausgehbereit gekleidet war, fein und vornehm, mit einem sanften Lächeln auf dem alten, aber gütigen Gesicht. Die Wohnung duftete bereits nach Kaffee und Kakao, nur den Duft eines Kuchens vermisste ich. Die Tante wollte ihn nachher holen gehen, nachdem sie sich nach meiner Familie erkundigt hatte. Des Onkels Zigaretten waren mir so vertraut. Er saß neben dem Fenster, hinter dem man die abgeknickten Gipfel der Trauerweiden am Neckarufer sah, die das für mich immer bedrohliche Stauwehr säumten. Die Atmosphäre war wie die auf einem Bild von Vermeer oder auch wie ein kitschiges, nicht wahres Idyll eines billigen Aquarells. Der Sessel, in dem der Onkel saß, stand vor einem runden Tischchen, das mit einem Spitzendeckchen gegen die Druckerschwärze der vielen aufgestapelten Zeitungen geschützt war. Der Aschenbecher war bereits am frühen Nachmittag voll. Die Tante ging Kuchen holen, ich hörte wie sich ihre Stöckelschuhe immer mehr entfernten.

Eine große Stille überkam die Wohnung und ich war mit dem Onkel allein, was ich sonst noch nie war. Weil er alt und zittrig war, sagte er mir, nicht am gedeckten Tisch Platz zu nehmen, sondern auf der Couch, die neben seinem Sessel stand. Sie war fürchterlich weich und gab, als ich mich setzte, ziemlich nach, so daß ich fast mit dem

Boden in Berührung kam, obwohl ich als noch nicht zehnjähriges Mädchen leichten Gewichtes war. Sie war sehr kratzig, und rot, sehr rot, trotz ihres abgewetzten roten Stoffes. Es war mir zu still, zu friedlich, eine Stille, die lauerte. Sie war fast ohne Licht, das nur spärlich in diesem Zimmer war, die dunklen Vorhänge schienen den Tag auszusperren. Seine Augen, seine Stimme, seine von Zigaretten gelben Finger waren anders und bewegten sich unruhiger als sonst. Ich saß auf der Couch und wußte nicht, was ich tun sollte, die Beine und alles an mir war in Bewegung. Der Onkel erhob sich schwer und sehr gebrechlich, die grauen Haare fielen in sein Gesicht. Mit seinen gelben Fingern strich er mir gierig durch meine Haare. Es war so als ob ich ersticken müßte - so sehr hielt ich meinen Atem an, als er mit seinen gelben Fingern auch noch über meine kleine Brust , die nicht die einer Frau war, tastete und hastete. Mit seiner wohl letzten Kraft drückte er mich runter, mein Körper war erstarrt und hart wie ein Holzbrett. Ich hatte nicht genug Hände, um mich seiner gierigen Hände abzuwehren, die immer zudringlicher an meiner Kleidung zerrten. Ich spürte etwas völlig fremdes auf meinem entblößten Unterbauch. Ich wollte schreien. Aber er hielt mir den Mund zu. Trotz seines lauten und schnellen Atems, hörte ich, daß die Haustür aufgeschlossen wurde und die Schritte der Stöckelschuhe kamen immer näher. Sie kam rechtzeitig und doch zu spät. Ich war mir selbst entfremdet und stürzte an ihr und ihm vorbei und stand völlig aufgelöst auf der Straße. Ich lief, einen Schuh in der Hand, total verängstigt zum Bahnhof. Blieb die Zeit in diesem Augenblick stehen oder war der Augenblick sehr schnell vorbei gegangen? Lief ich oder blieb ich stehen? Ich glaube, mit meinen Beinen bin ich gelaufen, aber in meinem Innern blieb alles stehen.

Ich konnte mich in kein Abteil setzen, sondern blieb in dem Zwischenraum der Waggons. Er war eingesäumt durch eine Plastikfalttüre, die je nach Fahrtgeschwindigkeit laut vor sich hinquietschte und den Wind durchblasen ließ. Ich stand auf den schwarzen, eisernen, runden Bodenplatten, die die Waggons miteinander verbanden. Der enge, kleine Zwischenraum war durchdrungen mit einem fürchterlichen Geräusch der aufeinander reibenden Eisenteile. Ich weinte und der Lärm verschluckte meine Tränen. Das Rot ist heute noch nicht meine Farbe, auch wenn es immer blasser wurde.

Die Katzentänze auf dem von der Sommersonne aufgeweichtem Asphalt oder die Pirouetten auf dem glatten Bahnhofsgestein hätten vielleicht weiterhin getanzt werden können, wenn nicht diese kindliche Unbeschwertheit, die bereits ihren ersten Riß bekommen hatte, nicht durch ein alles zerschneidendes, durchstechendes, trennendes Rot, roter als jedes andere Rot, endgültig beendet worden wäre. Daß sein Fluch, mich umzubringen, ausgestoßen auf der rotesten Couch, wenn ich davon erzähle, in anderer Hinsicht so sehr Realität wurde, konnte ich nicht ahnen, als ich atemlos aus des Onkels Haus stolperte, das Gesicht tief am Boden geklebt vor Scham und Angst. Der Neckar zog träge und schweigend am Haus vorbei, das ich niemals mehr betrat. Wo waren meine Begleiter, die ich, als ich anfing zu denken, als meinen Lebensinhalt sah. Wo war das tiefe Blau von Trakl, das erdenverbundene Ocker von van Gogh, der Stolz der verelendeten Kartoffelesser, das zarte Rosa von Picassos Gauklerfamilie, das Klatschmohnfeld Monets? Wo waren deren Tröstungen? Sie waren sonst immer anwesend. Statt dessen das Würgende im ganzen Körper, das nicht Schützende der fast heimatlichen Zigaretten, die so vertrauenswürdig auf dem kleinen runden Tisch vor der roten Couch lagen. Statt dessen lagen die gebrochenen Flügel des Kindseins auf dem runden alten Tisch, vor dem das menschlich gewordene blutrote Rot mit seinen rottriefenden Augen, mit seinen roten Händen, mit seinen roten Füßen mir Seelenschichten verschlungen hat. Der einsame Rauch der abgebrannten Zigarette besiegelte die zweite Exekution meiner Seele.

Die Fassungslosigkeit
Ist in einen noch starreren Raum getreten
Selbst die gejochte Zeit starrt
In das blutende Loch
Entstanden als ich aus dem Vorwärts
Gestürzt bin

So wie es einen "Tag im Leben des Iwan Denissowitsch" von Alexander Solschenizyn gab, der beispielhaft für die dreitausend Tage in der grauenvollen Schwere des Daseins im GULag stand, so gibt es einen Tag in meinem Leben, der minutiös erinnert, den Höhepunkt meines Leidens bildete. Es war ein grauer Tag, ein grauenvoller Tag. Ob es draußen oder in der Wohnung oder in mir kälter war, an diesem kalten, vernebelten Februarmorgen konnte ich nicht sagen. Die ganzen Jahre mit all seinen Monaten, Wochen, Tagen, Stunden und Minuten schienen sich in diesem Morgen als ein Monster zu zeigen. Jede Erinnerung, jede noch so kleine Verletzung wüteten ungestüm in mir und kamen nicht zum Stillstand. Bereits das Öffnen der Augen, die wieder dasselbe sahen wie gestern, wie morgen, wie immer, war ein Alptraum, wie auch das Aufstehen selbst. Die Füße nahmen kaum den festen Boden wahr, er gab nach als ob er aus einem Brei wäre, das Gefühl, in einen Abgrund zu fliegen ohne Schwerkraft, war größer und konkreter als alles andere.

Niemand war in meiner Nähe, selbst in der Ferne hätte ich keine Nähe ertragen können, obwohl ich gerade in diesem Augenblick des Absturzes jemand gebraucht hätte, der diesen auffing ohne Worte, ohne ein Sagen. Grau war es vor den Fenstern, noch düsterer hinter diesen.

Die blau geränderten Fenster geben sich der
Dunkelheit hin, mein Blick schwimmt darin und
Ist in der Halle des Abschiedes, der um die
Trauer nicht weiß, auch nicht
Um das Spiel der Gräser, die den Gesang
Des Moores nicht kennen, den Abgesang
Des Fensterlosen.

Die Dunkelheit schützt den nackten und
Bettelnden Blick durch die Fenster, immer ein
Stück des Verlorenen, des verlorenen Traumes.
Die Dunkelheit trägt das Auge durch die Fenster ,
Bittend um die Teilhabe der tanzenden
Fliegen um die Petroleumlampe, die
Schwach ihr Licht, den Duft des Heimischen
Verströmt.

Ich wußte nur eines, bald würde sich der Horrortag in seiner ganzen Tragweite wieder zeigen, immer und immer wieder, seit zwei Jahren in dieser Intensität und in diesem Grauen. Auch die Qual der Telephonanrufe war fast nicht mehr auszuhalten, die mit aller Wahrscheinlichkeit in diesen armseligen Tag hinein schrillten, ohne Erbarmen und Gnade. Ich wußte nicht, wie ich die Stunden überleben würde, wie ich hätte sprechen können, wo jedes Wort so schwer wie eine Eisenplatte wog und kaum den Mund verlassen konnte. Jedes Wort des anderen signalisierte mir eine Ewigkeit und war mit den mörderischen Stunden der Leere gleich zu setzen, bis sich die Nacht erbarmte und mir ein wenig Schlaf gab. Ich lief einerseits fast wie ein Vierbeiner im Zwinger, von Wand zu Wand, von Gitter zu Gitter, ja andrerseits war ich wie ein herrenloser Hund, der umherstreunt, ziellos, völlig verwahrlost, von jedem einen Fußtritt erhaltend, absichtslos, ohne einen Halt, der auch noch so ein kleiner Strohhalm hätte sein können. Ich konnte weder sitzen, noch liegen, kaum hatte ich mich auf den Stuhl gesetzt, war es mir, als ob der Stuhl mit mir zusammenbrechen würde. Stand ich vom Stuhl auf, so wurden meine Knie dermaßen weich, daß ich das Gefühl hatte, der Fußboden würde in einer abstürzenden Fallbewegung unter mir nachgeben. Also setzte ich mich wieder hin und das sinnlose Spiel wiederholte sich, indem ich immer mehr zum Verlierer wurde. Das Telephon gellte durch die Wohnung, obwohl ich es leise gestellt habe, ich klammerte mich immer mehr an meinen Stuhl, hielt mir die Ohren zu, wie ein Kind, das einer Bordsteinkante einen Fußtritt verabreicht, über die es stolpert, und sagte immer wieder, ich kann nicht reden, ich kann den Hörer nicht abnehmen , als ob dies Betteln, dies Stammeln draußen hätte gehört werden können. Das Klingeln wurde schriller und lauter und schien eine Ewigkeit zu dauern, bis es verstummte. Es war als ob meine Wohnung in tausend Glasscherben zerteilt worden wäre, die einzeln mich quälten und quälten. Die Angst steigerte sich immer mehr, ich wurde immer haltloser und verzweifelter und war immer mehr gedrängt, die immer lauter klingelnden Telephonate anzunehmen, denn man wüßte ja, daß ich in aller Selbstverständlichkeit zu jeder Zeit und auch Unzeit angerufen werden konnte. Ich sammelte jede Sekunde alle mir zur Verfügung stehenden Kräfte, deren nicht mehr viele vorhanden waren, und sah sie immer mehr schwinden. Alles zitterte in mir. Was ist, wenn ich jetzt stürzen würde? Ich schlich wie ein Geschlagener vom Wohnzimmer in die blaue Toilette, es war für mich der sicherste und unerreichbare Ort, in dem ich für alles und alle unerreichbar war, in dem ich mich geborgener fühlte trotz seiner noch engeren Vierwände. Ich rezitierte und zitierte Gedichte, leise und fast ohne Stimme, die gestikulierenden Hände unterstrichen die stimmlosen Worte, die mich auf andere als diese erstickenden Gedanken bringen sollten, die sich in meinen Kopf wie Gewürm geschlichen haben. Ich stellte mir die Torsen von Francis Bacon vor, die in ihren reduzierten Gestalten und in ihren Armseligkeiten meinem Körper sehr ähnlich waren. Es waren jedoch immer nur kurze Ablenkungen bis der Gedankenschlamm, der wie Ratten aus den urbanen Hochhäusern in die Straßen der Megapolisen krochen, mich wieder voll in seiner Macht hatte. Angst und nochmals Angst. Der geträumte Alptraum war hier in diesem kleinen, elenden Raum tatsächlich gelebte Wirklichkeit. Die Zeit verschwamm und verschmolz zu lebendig gewordenen Gespenstern, die nicht nur an Wänden, sondern auch in der Luft ihren Raum einnahmen, die wie Flammen sich immer weiter entfachten.

Wie lange könnte ich dies noch aushalten?

Kann ich so überhaupt noch leben?

Immer größere Zweifel kamen gegenüber meiner Existenz auf.

Es gab letzten Endes nur zwei Möglichkeiten dieser Hölle zu entkommen. Entweder ich bringe mich um oder aber ich versuche mit allerletzter Kraft aus diesem Teufelskreis zu entfliehen. Nur wie, habe ich nicht schon alles getan, das menschlich Mögliche, aber auch das menschlich Unmögliche? Wie betäubt verließ ich die Toilette, die mir an diesen Tagen zur Zufluchtsstätte geworden ist. Es dämmerte bereits. Ich dachte weder an das Essen, noch an das Trinken, es war mir auch völlig gleichgültig. In höchstem Maße der Bedrängnis durch die Telephonate kam ich soweit, daß ich vortäuschend sagte, wenig Zeit zu haben, was natürlich angesichts der schleichenden Minuten an diesem Tag lächerlich und grotesk war, mir aber in meinem verzweifelten Überlebenskampf hilfreich war. Die vollen Stunden, gesättigt mit dreitausendsechshundert leeren Sekunden krochen langsam der Nacht entgegen. Nicht nur meine Hände, auch die Beine, eigentlich der ganze Körper zitterte. Mein Kopf dröhnte als ob er mit einem Schraubstock immer fester zusammengedrückt werden würde. Die maß- und grenzenlose Angst erstickte mich. Ich nahm eine halbe "Tavor", was ich zwar nicht wollte, aber das Gehetztsein war größer und stärker. Für wenige Augenblicke hatte ich die Kraft, mir über diese Angst, bevor sie mich wieder überschwemmte, detaillierte Gedanken zu machen. Wenn die Angst nicht weg zu denken, nicht weg zu sprechen ist, kann ich sie auch nicht herbeidenken. Wenn sie weder weg zu denken noch zu denken ist, muß ein Etwas mitverantwortlich sein, das mein Dasein in den Abgrund treibt. In diesen klareren und leichteren Stunden, die wie eine göttliche Ruhe waren, ahnte ich, daß es einen Weg geben muß, der die totale Absperrung löst und sprengt. Die Nacht zog in die Wohnung. Ich fühlte mich durch den Tag erschlagen, und doch war in mir eine kleine Kraft aufgebrochen, die es mir ermöglichte, entsprechende Literatur zu suchen, in den letzten gefangenen Jahren sind meine Bücher zu einer stattlichen Bibliothek herangewachsen. Aufgeregt blätterte ich bis tief in die Nacht in den Büchern, keines jedoch gab mir eine befriedigende Antwort. Ich gab aber noch nicht auf und es folgten Tage, in denen ich höchst konzentriert weitere Bücher las, bald jedoch mischten sich in das leidenschaftliche Lesen die ersten Gefühle der

Enttäuschung. Meine gesamte Fachliteratur brachte nur spärlich Licht in das große Dunkel meiner Angst, von deren Schlingen ich mich nicht mehr entziehen konnte. Ich durchforstete im Kopf, welche Literatur mir weiter helfen könnte und erinnerte mich an die Rote Liste, die sämtliche auf dem Markt befindliche Medikamente auflistete. Ich bestellte sie in der Buchhandlung. Die Auskunft, daß sie noch nicht lieferbar ist, versetzte mich in eine sehr angespannte Lage, denn die ganze Hoffnung lag jetzt in der Roten Liste. Nichts ist von Dauer und so endete das lange Warten auf das Buch. Fast ehrfurchtsvoll öffnete ich das Buch, so wie ich eigentlich nur Bücher der Poesie öffne. Langsam wanderten meine Augen von einer zur nächsten Seite. Ich fand das Stichwort "Anxiolytika", angstlösende Medikamente. Mein Herz klopfte noch stärker als sonst. Sind diese süchtigmachend oder nicht? Süchtigmachende konnte und wollte ich nicht über einen längeren Zeitraum nehmen. Und die pflanzlichen Präparate, bringen sie die Erleichterung? Sollte mein Leidensweg nach siebzehn Jahren beendet sein? Es begann ein Wettlauf, der wie ein russisches Roulett war, gegen die Angst und gegen die Ernüchterung, daß ich kein Medikament fand, das mir aus diesem Moloch half. Kein Johanniskraut, kein Baldrian, kein homöopathisches Mittel, auch kein Anti-Histaminikum, das unter der Rubrik Anxiolytikum verzeichnet war, konnte mir helfen, obwohl ich fast immer die Höchstdosis einnahm. Die anfängliche, erwartungsvolle Freude kippte immer mehr und verschwand gänzlich. Es gab keinen Weg mehr für mich. Die Verzweiflung wuchs und wuchs. Es gab nur noch ein Medikament, das ich wohl in der Roten Liste übersehen haben muß, aus dem ich noch einmal Hoffnung schöpfen konnte. Ich pendelte an einem seidenen Faden zwischen Hoffnungslosigkeit, einem langen noch Dahinvegetieren und einem möglichen Aufbruch. Aufgewühlt, diese Gefühle in mir tragend, schleppte ich mich in Begleitung in die Apotheke. Bereits die Begegnung mit der Luft von draußen versetzte mich in Angst und Schrecken. Um wieviel mehr vibrierte ich beim Anblick von Menschen. Es waren derer zu viele in der Apotheke. Ich stand ganz abseits; konnte ich überhaupt sagen, was ich wollte? Um den völligen Absturz abzubremsen und um mir das lange, zu lange Warten zu erleichtern, blätterte ich in einer Apothekerzeitung, was ich noch nie tat, mir ging es auch noch nie so schlecht. Die bunten Seiten, durch die immer wieder die nahen und die fernen Angstfratzen glotzten, tanzten vor meinen Augen und ließen den Text verschwimmen. Das Warten dauerte und dauerte. Auch hier in diesem Warten spiegelte sich gnadenlos die Relativität der Zeit wieder, die für mich kein Ende nahm, für die anderen war sie völlig belanglos.

Ich blätterte Blatt für Blatt. Blatt für Blatt füllte mein Warten, ohne daß ich auch nur einen Satz vollständig gelesen habe. Die Verzweiflung ließ mich blättern und blättern, vom Anfang zum Ende und vom Ende zum Anfang, die Hände wurden immer nasser und von der Stirn lief der Angstschweiß, die Haare verklebten förmlich. War es eine Fata Morgana? Ein Blatt enthüllte einen Satz, den ich übersehen haben mußte, der mir wie die Enthüllung eines Kunstwerkes erschien: Depression und Angst. Behandlung - Medikamente - Selbsthilfe. Von Prof. Meyendorf. Eine seit Jahren nicht mehr gefühlte Energie erfasste mich. Zeit war plötzlich nicht mehr wichtig, genauso unwichtig wie das Warten. Das Geschwür Angst war faßbar, war benannt, meine Augen stahlen fast das Blatt Papier, das mir zur Rettung geworden sein wird.

Der Irrweg durch die verschiedensten Medikamente war

beendet, der mir soviel Kraft abverlangt hatte. Ich bestellte gleich am nächsten Morgen das Buch. Es sollte fast eine Offenbarung sein, wie die Briefe van Goghs an seinen Bruder, die für mich eine Offenbarung waren und sind. Sie sind Zeugnis für eine völlig gebrochene und gescheiterte Existenz, der die größten Kunstwerke gelungen sind. Wieder vergingen Tage des Wartens. Das Ende der Angst war zum Greifen nahe, auch wenn ich noch Wochen und Monate darauf warten mußte, bis sie gebrochen wurde. Waren die Tage lang oder kurz? Sie waren gefüllt mit Warten, aber es war nicht mehr das Beckettsche Warten. Das Warten sammelte sich. Endlich kam der Tag, an dem das Buch kam. Ich stürzte mich ins Lesen. Mir erschien alles wichtig zu sein, so daß fast jeder Satz unterstrichen wurde. Der Bleistift hastete von Seite zu Seite, ohne daß ich die Konzentration verlor. Ich sog die Worte in mich, bis sie voll in mir waren. Hoffnung. Jetzt war alles voller Hoffnung, auch wenn sie getränkt war in Angst. Ich rief meinen Arzt Dr. H. an, dem ich von einer medikamentösen Behandlung der Angst erzählte. Fast atemlos. Ich wußte, daß er mir ein Medikament verschreiben würde. Es war ein trizyklisches Anti-Depressivum mit dem Wirkstoff Trimipramin, das bei Angst eingesetzt wird. Der Name dieses Wirkstoffes bedeutete mir zu diesem Augenblick mehr als alles andere. Er war die Gewähr dafür, daß sich die eisernen Gefängnispforten endlich und endgültig öffneten und nur hinter mir sich wieder verschlossen, aber nicht mehr vor mir.

Die ersten Tage nach der Einnahme waren wie die Zeit davor ohne Veränderung, d.h. schlecht. Die nächsten Tage waren nicht anders. Die ersten Märzsonnenstrahlen erwärmten die Erde, nicht aber mich. Wie Prof. Meyendorf schrieb, müßte sich die Wirkung des

Angstlösenden nach vier bis sechs Wochen einstellen. Es waren vier Wochen vergangen und das Einzige, was wirkte, war die ganze Palette der Nebenwirkungen. Ich hoffte nur noch an der Oberfläche. Es konnte sich nichts mehr entwickeln. Die Medikamente verfehlten ihr Ziel. Der schwere Februartag, den ich als Sammelpunkt der vergangenen schlechten Zeiten ansah und der sich in meinem Gehirn substantiell eingeätzt hatte, wiederholte sich immer öfters. Ich verließ fast nicht mehr die Wohnung, die mir immer weniger Schutz bot, denn nur der leiseste Hauch eines menschlichen Wesens vor der Tür und in der Straße ließ mich erschauern und erschüttern. Ich konnte mich nur noch durch Lügen von den Aufgaben entziehen, die für jedermann selbstverständlich sind, für mich aber die Hölle bedeuteten. Es waren nicht Lügen, die verletzten, sondern es waren Lügen wie in dem Film "La vita e bella" von Begnini, die von der Schwere und der Grausamkeit des Gegenwärtigen ablenkten, die Schutz vor dem Grausamen und deren Nacktheit boten. Auch wenn ich in Begleitung den Weg nach draußen wagte, war es ein Horrortrip, der nicht enden wollte. Nur noch mit meinen allernächsten Mitmenschen konnte ich noch sein, wenn dieses Sein überhaupt als Sein zu nennen ist. Ich habe verloren. Selbst das Selbstverständlichste, wie telefonieren, konnte ich nicht mehr bewerkstelligen, ohne daß ich nicht in Panik zusammenbrach. Nicht allen konnte ich sagen, daß ich nicht mehr zu telefonieren vermochte, meine letzte Verbindung nach draußen starb ab. Draußen wurde die Luft mit dem Maiwind immer lauer, was ich nur durch die Fensterritzen fühlte, denn auf den Balkon zu sitzen traute ich mich auch nicht mehr; man könnte mich ja ansprechen. Nur einmal mein Dasein in die Gosse des Alkohols werfen, um alles zu vergessen, aber ich wußte, es ist nur ein buchstäbliches Ertränken und bietet keine

Lösung. Immer wieder glitt mein verzweifelter Blick über die angegebene Adresse von Prof. Meyendorf. Konnte ich an ihn schreiben? Es dauerte ein paar Tage, bis ich das Fax nach München geschickt habe. Es war Ende Mai. Ich wagte nicht auf eine Antwort zu warten, denn die, die sich Psychoanalytiker, Psychotherapeuten nennen, wollen erst einmal, daß die Patienten in der Gosse sind oder aber ihren letzten verzweifelten Atem hauchen und die prinzipiell niemandem antworten. Aber ich wollte und konnte mir nicht vorstellen, nachdem ich das Buch gelesen habe, daß ich ohne Antwort bleiben werde. Vielleicht ist diese Haltung vermessen. Mein Schicksal ist besiegelt, es hängt direkt über dem Abgrund, meine kleine, sich am brüchigen Felsgestein klammernde Hand konnte sich nicht mehr lange halten. Prof. Meyendorf antwortete. Einige Tage später hatte ich einen Termin bei ihm. Der Mai hatte nicht nur die temporäre Bedeutung des Erwachenden und Heiteren, sondern er wies auch für mich verheißungsvoll in Zukünftiges, auch wenn ich noch nicht wußte, wann dieses Künftige beginnt. Gleichzeitig erstarkten die Erinnerungen an Zeitspannen, an zurückliegende Geschehnisse, die unauslöschlich in meinem Hirn eingeprägt waren und die vorerst mein Leben beendet und einfach zugeschüttet haben. Die Zeitspannen spannten sich über jeden kalten und warmen Monat. Es waren Monate, die von einer mehr oder weniger Toten gelebt worden sind, ohne daß man dies jemals gesehen hätte. Ich trug bis zum totalen Zusammenbruch eine perfekte, bunte und lächelnde Maske, eine, die keine Trauer ausströmen ließ.

Früh habe ich gelernt, mich nicht so zu zeigen, wie ich bin, wenn man überhaupt sagen kann, wie man ist. So waren die anderen stets in einer Selbstverständlichkeit gewohnt, die mich zuweilen erschreckte, mit einem sonnigen und stets heiteren Wesen zu leben, befreundet zu sein. Es gab nur wenige Augenblicke, in denen ich mich und meine Seele offenbarte, die die Traurigkeit und die Melancholie der Verlorenheit mehr kannte als den nach außen hin getragenen Lebensfrohsinn. Diese zuweilen armselige Seele - armselig deshalb, weil sie ihre verletzbare Nacktheit hinter einem anstrengenden, bühnenreifen Lächeln versteckt hielt, versteckt halten mußte - sog fast beschämt die Briefe van Goghs an seinen Bruder, Hölderlins Hyperion, Trakls Gedichte und auch Goethes Werther in sich auf, um sich nicht bloßzustellen, denn in dieser Zeit war es absolut nicht modern und nicht entsprechend, sich mit solch dunklen Seelen, mit solch scheinbar verirrten Wesen, deren Bestimmung im Scheitern lag, zu beschäftigen. Es war geradezu ein Anachronismus in den sechziger, siebziger Jahren. Man trug nicht nur seine Gedanken öffentlich zu Markte, sondern auch in einer Direktheit seine Seele und die Nacktheit seines Körpers, die mir in ihrer lauten Einseitigkeit befremdend kalt und hohl vorkam. Ich konnte auch darin kein geistiger Mitläufer sein, daß es historisch berechtigt zu sein schien, daß das Glück des Menschen mit Panzern erzwungen, daß auch das Leid mit Panzern niedergewalzt wurde. Ich war in dieser Hinsicht völlig unmodern, gefangen in einem Mitleiden, das mir Raum gab, für den einzelnen zu fühlen und nicht erst, wenn Tausende Entrechtete ihres Lebensraumes beraubt wurden. Auch war mir klar, daß nichts so sehr der Veränderung anheim fällt, als die Modernität selbst, daß nichts so schnell verfällt als das, was man aufs schärfste mit allen Waffen verteidigte. So fand mein Spiel des Verstellens auf mehreren Bühnen des Lebens statt - der des persönlichen, des schulischen und wenig später des universitären Umkreises. Nur einmal bekam ich eine Ohrfeige für meine schmerzliche Offenheit, es sollte nicht mehr vorkommen. So bewahrte ich mich vor unverstandener Eindringlichkeit, die mich schon immer verwirrte. Auch konnte ich nicht einsehen, warum der Mensch nicht so sein kann, wie er ist, warum er so zu sein hat, wie er nicht ist. Mein Eigenstes wäre ständig vergewaltigt worden, hätte ich es zu dieser Zeit wirklich gelebt. Es ist gestern nicht gegangen, warum soll es heute oder morgen besser gehen? Auch im Getriebe der heutigen Zeit hat man aalglatt zu sein. Doch wie lange hält dies ein Leben aus? Und wie lange kann ein Leben Maskerade sein? Wie lange kann eine Zeit die Zeit verschwenden in der Schnelligkeit? Warum gibt man heute Millionen für einen van Gogh aus? Nur in Fragen der individuellen künstlerischen Existenz bzw. in Fragen nach der Existenz des Künstlers war ich frei von Maskierungen und konnte mich mit einer Intensität engagieren, die ich heute fast belächeln muß, auch wenn sie von ihrem Wahrheitsgehalt nichts eingebüßt hat.

Die Leidensfähigkeit als einen Daseinsgrund des Lebens, als eine Toleranz für den anderen und die Behausung des Menschen in der Sprache zu sehen, wurde schlicht als falsch deklariert und duldete keinen Widerspruch. Es interessierte einfach nicht in dieser hochpolitischen Phase, in der der Mensch als Masse Mensch am deutlichsten hervortrat, was er eigentlich bekämpfte. So blieb diese eine Wahrheit im Gestrigen, wie im Heutigen in und bei mir und das Belächeln bei den anderen. Es höhlte aber aus. Dazu zu gehören als Gattung Mensch und doch nicht mitmachend als menschliches Wesen in der einseitigen Verherrlichung des einen und in der Verdammung des anderen, was in der Umkehrung bereits verwirklicht war, erforderte ein hohes Maß an Spielfähigkeit und aber auch ein hohes Maß an Standfähigkeit, denn es war nicht einfach, nicht mit den Wölfen zu heulen. Es fehlte mir

45

aber auch zuweilen der Mut gegen die Brüchigkeit der vielen Wahrheiten zu sein. Anstatt eines klärenden Wortes, das dem des Sandkornes in der Wüste glich, setzte ich mein Lächeln auf, das mir doch so manches Mal im Gesicht gefrierend entgleiste. Ich war aber auch eine weiße durchsichtige Larve, die aus ihrem Larvennest mit ihrem weißen Kopf mit dunkel stechenden Augen hervorkroch, um schnellstens wieder zurückzukriechen in die Wärme. Warum nur lächelte ich ständig und zog mich in mein Larvennest zurück?

Es war letzten Endes die einzige Möglichkeit, meine früh verletzte und zutiefst entwurzelte Seele zu schützen. Zu schützen in der Kunst, in den Gedichten, in den Gemälden, um so die erlittenen Geschehnisse in die Unterkanäle des Vergessens zu drängen. Dieser künstlerische Atem, der mich und mein Leben durchzog, ließ mich die siebzehnjährige Gefangenschaft überleben, die nach jedem scheinbaren Aus- und Aufbruch in das Leben, den Sturz grausamer erscheinen ließ, in der die hilflose Fassungslosigkeit wie die Zeit selbst immer mehr starrte.

So wie Bäume für jedes Lebensjahr einen weiteren Lebensring bekamen, so verlor ich Jahr für Jahr mehr die Begegnung mit den Menschen, mit dem bunten und auch marktschreierischen Leben, das trotz aller Oberfläch-lichkeit Leben ist, an dem ich so gerne hätte teilnehmen wollen.

Das lächelnde Gesicht wirft Schatten
meine sind nicht mehr zu halten,
sie gehen im östlichen Licht unter
spurlos.

Nach dem Studium der Deutschen Philologie, in dem ich meine Spielfähigkeit auf ein Minimum reduzierte, wollte ich mein ersehntes Elfenbeinturm-Dasein voll ausleben, bevor ich mit meiner Doktorarbeit, dessen Thema bereits im Grundstudium feststand, beginnen werde. Ich stellte es mir herrlich vor, das zu tun, was ich vor mir herschob, was ich am liebsten getan hätte, wenn ich nicht mein Studium so ernst genommen hätte. Das jetzt Beginnende war ein Geschenk, das nicht jeder für sich beanspruchen konnte und ich war dankbar dafür, nicht gleich einem Beruf nachgehen zu müssen, was eine Flut von Bewerbungsschreiben bedeutet hätte, denn Philologen waren nicht gerade vom Markt gesuchte Kräfte.

Nach der interessanten, aber doch trockenen Wissenschaftlichkeit des Interpretierens, Exzerpierens, Bibliographierens, Analysierens, stets auf der Suche nach Sekundär-Literatur, begann ich voller freiheitlicher Begeisterung meine Reise in die Internationalität der modernen Literatur. Während die deutsche Literatur für mich seit den Sechziger Jahren zum Stillstand kam, erlebte die lateinamerikanische Literatur mit Paz und Borges, die südeuropäische Literatur mit Montale, Kavafis und Pessoa eine Hochblüte der neueren Literatur. Sie verlor sich nicht in Halbheiten wie die deutsche Literatur, die aus der allmählich beginnenden Sättigung und dem Wohlstand heraus immer leerer und schriller wurde und sich an Wiederholungen klammerte, die nichts zu sagen hatten. Ich war häufiger Gast in der Landes- und Universitätsbibliothek Stuttgart, wo ich parallel zu meinem Einlesen in die internationale Literatur eher sporadisch nach Material für die nun bald beginnende Dissertationsarbeit suchte. Mit meiner Entscheidung, ein literarisches Werk aus dem Mittelalter mit und durch die Heideggersche Philosophie zu beleuchten, mußte ich mich wie in der Magisterarbeit in die lateinischen Texte der Gelehrten einarbeiten. Die mit einer Sondergenehmigung in den Lesesaal bestellten Bücher waren wunderschön und von einem unschätzbaren Wert. Ich getraute mir kaum in diesen vierhundert Jahre alten Büchern zu blättern. Was haben sie nicht alles gesehen, erlebt, blutige Zeiten der Inquisition, Auf- und Niedergänge der Kulturen, und jetzt harren sie zu Forschungsarbeiten meiner Wenigkeit, einem Staubkorn in der Welt und deren Geschichte. Die Übertragung der lateinischen Texte gestaltete sich äußerst schwierig. Ich erinnerte mich an Pater J. S. vom Kloster Beuron, der mir die lateinischen Texte für die Magisterarbeit übersetzte. Ganz naiv bat ich im Kloster Beuron um Hilfe und sie wurde mir gewährt in einer wunderbaren Großzügigkeit und Offenheit. Drei Tage im Kloster verbracht zu haben, war eine ganz neue und tiefe Erfahrung, eine bleibende Erinnerung in die Zukunft. Die helle Kargheit der Räume, die Ruhe und Stille in den langen Gängen, die nur durchbrochen wurde von den verhallenden Schritten der Mönche, die sich in ihre Zimmer zurückzogen oder zum Gebet gingen, der Duft der Weisheit und die persönliche, gütige Toleranz und die hohe Intellektualität von Pater J.S. zu erfahren und zu erleben, war ein großes Ereignis für mich. Nie hätte ich mir vorstellen können, daß ich so krank werden würde bzw. krank gemacht worden bin, angesichts dieser Erfüllung der Stille im Besuchertrakt im Kloster Beuron. Wenn ich morgens kam - ich übernachtete in einer kleinen, bescheidenen Pension -, saß Pater J.S. bereits im Gästezimmer und wartete auf mich. Wir begannen ohne zu zögern mit der Arbeit. Hätte ich nicht gewußt, daß Pater J.S. die lateinischen Texte vor sich hatte, die ich aus den alten Büchern von der Landesbibliothek photokopieren durfte, ich hätte geglaubt, er würde die deutsche Fassung vorlesen. Ich kam kaum mit dem Schreiben nach. Zwischendurch ging Pater J.S. aus dem Zimmer und ich konnte mich so ein wenig erholen, mein Kopf war voll von den Gedanken der mittelalterlichen Gelehrten, die in ihrer Philosophie von der Moderne nicht so fern waren, abgesehen von dem alles beherrschenden Monotheismus, in den die gesamte Ethik mündete. Aus dem kargen, nur mit einem Tisch und zwei Stühlen möblierten Zimmer, sah ich durch die Sprossenfenster in den Klostergarten, der von den Mönchen bestellt wurde. Ich wähnte mich beim Anblick des wunderschön bestellten Klostergartens, der sich in dem Blau der Donau wiederspiegelte, im Paradies, weit ab von den Wirklichkeiten des Lebens zu sein. Es gab aber auch Wirklichkeiten, die sich hinter den Klostergemäuern abspielten, die eher an barbarische Zuchtanstalten erinnerten, als an christliche Stätten, des sich Sammelns und sich Findens. Es lag so dicht beieinander, das Idyll des Klosters und die Auch-Wahrheit über das Klosterleben, wo durchaus Niedertrachten, Gemeinheiten und hohe geistige Erleuchtung zusammen wohnen konnten. Beim Anblick dieses Idylls wurde man entweder entsagender Christ oder atheistischer Nihilist, wie auch beim Anblick des Petersdomes in Rom, der mich sehr erschütterte und mir noch vieles mehr in Frage stellte und fragwürdig erscheinen ließ. Nur extrem Schönes und extrem Häßliches lassen solche Gedanken gebären. Nachdem die abschweifenden Gedanken wieder in die Kargheit des Zimmers geholt waren und zurückgebracht wurden in die lateinischen Texte, mußten nur noch wenige übersetzt werden, so daß ich am frühen Abend das Kloster verließ, das in der Ferne noch idyllischer wirkte. Diese Tage im Kloster mit Pater J.S. waren erhabene Tage. Obwohl ich nicht christlich bin, waren es selten reiche Tage, die ich nicht vergessen werde. Um so trauriger war ich, als ich erfahren habe, daß Pater J.S., mit dem ich weiterhin in Briefkontakt stand, nach einem Papst-Besuch in Rom unerwartet verstorben ist. Es kamen keine Briefe mehr von ihm mit der so klaren und weichen Handschrift. Er schrieb mir immer auf das weiße handgeschöpfte Büttenpapier, das er sich als einziges Geschenk für seine für mich nicht selbstverständlichen Bemühungen wünschte. Die Nachricht vom Tode Pater J.S. bekam ich, als ich erneut um eine Unterstützung bei der Übersetzung der lateinischen Quellen nachfragte. Die Absage kam postwendend, geschrieben von dem neuen, jungen Abt vom Kloster Beuron. Es enttäuschte mich nur ein wenig, mußte ich doch darauf gefaßt sein, daß auch in Klöstern die neue Zeit anbrechen kann. Die Antwort des Abtes, der sich wahrscheinlich nicht einmal die Mühe gemacht hat, nach einer entsprechenden Hilfe zu suchen, war so knapp gehalten, daß ich daraus nur schließen konnte, daß die Anfrage überaus störend gewesen war. So war ich gezwungen, die weiteren Textquellen allein zu übersetzen, sie mir so zumindest verständlich zu machen, daß ich mit ihnen arbeiten konnte, um die in die mittelhochdeutsche Literatur eingeflossene Religiosität und zeitgenössische religiöse Gedankenwelt nachvollziehen zu können. Es war äußerst schwierig und auch ein langwieriges Unternehmen. So war ich unvermittelt wieder in einer Zeit, in die ich mich doch erst später begeben wollte. Doch der kurze Exkurs in die Vergangenheit war nicht umsonst, so hatte ich mir bereits einiges an Material für die Dissertation erarbeitet. Mein Sinn, mein Herz schlug für die Moderne, der ich mich wieder voll zuwendete. Das andere mußte noch warten. War meine Reise durch die Moderne bis jetzt eine geistige, so ließ mich die Reise nach Südfrankreich, die ich als Geschenk für meine gut bestandene Magisterprüfung bekam, zum ersten Mal und konkret das Licht und die Luft, die Cezanne und van Gogh so einzigartig in ihren Bildern eingefangen haben, einatmen. Bereits an der

Schwelle von Südfrankreich war das flimmernde, leicht vibrierende Licht selbst auf der überfüllten Autobahn zu fühlen und fast zu ertasten. Die überall blühenden Korn- und Lavendelfelder ließen die Farbenspiele van Goghs und Gauguins noch beeindruckender werden. Sie zeugen von einer Lebendigkeit, wie sie nicht bewegter hätten gemalt werden können. Hier also ist der Raum, in dem van Goghs und Gauguins Freundschaft auf so tragische Weise scheiterte, ja geradezu scheitern mußte. Ich stellte mir vor, wie van Gogh unter dem sternenbedeckten Südhimmel nach dem Bruch, nach dem Abschied von Gauguin Terpentin in sich hineintrank, weil er kein Geld hatte, um sich mit dem in diesem Landstrich im Überfluß vorhandenen Wein zu berauschen. Ein Scheitern, das sich oft zwischen Künstlern nach den ersten euphorischen Begegnungen ereignete und sich in jedem Jahrhundert nicht nur einmal wiederholte. Ihr Genius konnte sich nur voll ihrem zu schöpfenden und schaffenden Werk verpflichten, so daß wenig Raum blieb für eine tiefe, beanspruchende und gelebte Freundschaft. Vielleicht ist sie nicht bei nur Genialen ein Mythos, der sich trotz allen Gegenteiligkeiten gehalten und bewahrt hat. In dieser tiefen Nähe ist ein Verrat nicht mehr weit. Ich war nicht nur in diesem sanften Licht hungrig danach, mehr zu wissen, mehr zu erleben, tiefer in die Geheimnisse der Poesie und der Poesie der Farben einzudringen. Dieses Licht bestätigte meine Heimat in der Poesie, die mir niemand nehmen konnte, die mir nicht verloren ging in den Heimatlosigkeiten und Fremdheiten, die ich schon sehr früh erlebte, als ich meine kleine Heimat, mein kleines Zuhause verlassen mußte. Mit diesem Verlust wurde mein Mitleid für die Gescheiterten unendlich groß. Um wieviel mehr fühlte ich ihr Leid, ihre Leiden, wenn sie in ein Kunstwerk eingeflossen sind, das zu allem noch von der zeitgenössischen Zeit mißachtet, ja verachtet wurde. Jedes Mal wenn ich an diese Ungerechtigkeiten, an die verachtende Arroganz dachte oder wenn ich einem von diesen Kunstwerken begegnete, wurde die warme Haut in der Hitze des Südens kälter.

Kalt klirrend ergoß sich die Nacht
Im Novembermittag über mich,
Vormals lebensspendende Straßen,
Vormals beseelende Stätten der Toten
Wankten mit mir leblosen Räumen entgegen.
Dürres, entlaubtes Geäst
Auf dem abgebrochenen Weg
Kündigte eine zeitberaubte Zeit an.

Im kalten Novemberlicht wurde mein Leben bis auf seine Wurzeln, bis zu seiner Auflösung erschüttert. Nichts war danach mehr so, wie es davor war. Es war ein Schnitt mitten durch das Herz, das entzweit und fast ausgeblutet über Jahre vor sich hinschlug und flatterte, ohne zu wissen wofür und warum. Meine Existenz stellte sich in Frage nach diesem Geschehnis, indem ich von Allem und von Allen getrennt war. Ich war zum geknechteten Knecht von mir selbst geworden. Den Geruch des südlichen Herbstes noch in der Nase, das Fest des herbstlichen Lichtes noch auf der Haut, feiner Sandstaub noch an den Schuhsohlen, stieg ich in die Straßenbahn ein. Sie war, wie zu dieser Tageszeit, fast immer leer. Wohltuend umgab mich die zwar abgestandene, aber wärmende Luft. Was hätte ich getan, wenn ich mich hätte in die Zukunft erinnern können, wie wäre der Tag verlaufen? Am liebsten würde ich ihn noch heute in tausend kleine und kleinste Stücke zerreißen und ihn tot, leblos auf dem Boden liegen sehen, damit seine Gefährlichkeit nicht voll ausgelebt werden konnte. Es gab aber kein Auslöschen, kein Vergessen, kein sich Verlierendes dieses Tages. Er stand wie ein Bollwerk in meiner Existenz.

Es waren kurze zehn Minuten Straßenbahnfahrt, bis ich zusammenbrach und bewußtlos auf dem Bahnsteig lag. Es waren grauenhaft lange Minuten und Sekunden, bis ich mich wieder aufraffen konnte. Lange genug, daß zwei ältere Damen über mich gestiegen sind, wohl meinend, daß ich drogenabhängig sei, was sie unmißverständlich und geringschätzend zum Ausdruck brachten. Alter schützt nicht vor Torheit und Irrglauben. Und mein Äußeres war nicht so gehalten, daß man mich in aller Mißachtung des Menschlichen liegen ließ, daß man lieber über mich hinwegschritt, wie über ein Stück Hundekot, mit dem man sich nicht verdrecken wollte, anstatt mir zu helfen. Und ich hätte Hilfe nötig gehabt. Nur schwach blinzelte die Sonne durch die schwere Wolkendecke in das Straßenbahnabteil. Ich war auf dem Weg zur Universität, wo ich meinem zukünftigen Doktorvater ein kleines Geschenk für die gute Betreuung während des Studiums und der Magisterprüfung bringen wollte. Jede hundert Meter hielt die Straßenbahn an und der novemberliche Wind huschte ins Abteil, als ob er sich auch ein wenig aufwärmen wollte. Bald hatte ich auszusteigen, nur noch drei Stationen bis zur Haltestelle Universität, unterirdisch. Es war, als ob die Straßenbahn, die in das Dunkel des Tunnels tauchte, Symbol werden sollte für das, daß ich nur noch ein paar Sekunden von der beginnenden Dunkelheit und von dem Sturz ins Haltlose getrennt war.

Sie verlangsamte ihre Geschwindigkeit. Während meine eine Hand noch nach Halt suchte, drückte die andere auf den roten Knopf, damit sich die Türen öffneten. Der typisch unterirdische Geruch streifte mein Gesicht. Die Augen mußten sich an das unterirdische, dumpfe Licht gewöhnen. Ein Schritt, zwei Schritte, drei Schritte. Alles kreiselte, bewegte ich auch nur ein wenig den Kopf, war es mir, als ob ich in einer Zentrifuge wäre, die Füße trugen mich nicht mehr, sie stießen ins Leere, der gesamte Körper war kreiselnd in Aufruhr, manche Organe versagten ihren Dienst, ich stürzte auf den Boden und blieb schwer liegen, ich versuchte ein paarmal aufzustehen, was nicht ging, denn sobald ich meinen Kopf drehte, so wußte ich nicht mehr, ob ich überhaupt noch einen habe, es war nur noch ein Kreiseln fühlbar in jede erdenkliche Richtung, völlig orientierungslos. Meine Augen irrten den grauen Bahnsteig entlang, bis sie sich an den schwarzen Gesteinen zwischen dem Gleisen brachen und zu versinken drohten im Kreiseln selbst. Ganz langsam wurde ich meiner Situation bewußt. Ich lag tatsächlich auf dem nackten Boden. Meine Tasche und mein kleines Geschenk suchend kroch ich auf allen Vieren zum Treppenaufgang. Ich war allein. Ich klammerte mich an das Treppengeländer und zog mich langsam hoch. Ich fühlte weder den harten Steinboden, noch meinen Körper, der als kleines Nichts gegen die Schwindel kämpfte und bei der geringsten Kopfbewegung verlor. Ich war nur Schwindel und sonst nichts mehr. Es war eine unendliche Qual bis ich wieder ins Tageslicht kam, kriechend, total ver- und zerstört. Der Schwindel wollte nicht mehr aufhören, es war ein nicht enden wollender Weg in den Universitätsgarten, von dem ich mir erhoffte, daß ich allein bin, abseits von Menschen, ich wollte nicht, daß man mich so sah. Ich wankte dem Garten entgegen. Das Dämmerlicht schützte mich ein wenig vor den fragenden, vor den abschätzig abschätzenden Augen, vor welchen Augen auch immer. Ich mußte allein sein. Die kahlen, hohen Bäume verstärkten meine Ausgesetztheiten. Der Park bot mir zuwenig Schutz. Ich ging, wenn man dieses Gehen noch als Gehen bezeichnen konnte, zum in der Nähe liegenden Friedhof.

Die Stätte, die mir in meiner Kindheit nichts als Angst auslöste, als ich verloren, mitten in der Nacht durch den schwarzen Friedhof gehen mußte, war jetzt ein Ort, wo ich mich zurückziehen konnte, der mich aufnahm. Es war menschenleer in dem alten Friedhof, die letzte Bestattung lag Jahrzehnte zurück, in dem die alten Gräber ungeschmückt vor sich hin zerfielen, die Statuen verwittert und die Efeupflanzen wildwuchernd waren. Nur die Toten, die schon Jahrhunderte hier ruhen, waren zugegen. Ich war völlig haltlos. Es gab keine Bank, auf der ich mich hätte erholen können, so setzte ich mich auf einen, auf dem Boden liegenden Grabstein, auf dem nur noch einzelne Buchstaben auf einen Namen deuteten. Meine Augen starrten kreiselnd in die hereinbrechende Nacht. Ich konnte hier nicht sitzen bleiben, nicht nur weil die Pforten geschlossen werden, sondern auch wegen der immer dichter werdenden Kälte, die sich auf den Friedhof legte und ihn umspannte und mich mittendrin. Ab diesen Minuten oder waren es Stunden sollte ich nur noch von den Schwindeln beherrscht werden, vierundzwanzig Stunden, die nicht einmal im Schlaf aufhörten mich zu quälen, mich zu einem Lebenswrack werden ließen, Tag für Tag mehr. Als ich von dem nassen Grabstein aufgestanden bin, nach mehrmaligen Versuchen, war ich nur noch ein Torso; wie abgeschnitten waren Hände, Füße und Kopf, als ob sie schon immer ihr Eigenleben gelebt und mich noch nie gekannt hätten. Ich schleppte mich in der schützenden Dunkelheit in die nahegelegene Telefonzelle und rief C. an.

Füße im Sumpf sind die der Gescheiterten,
Die matten Füße kennen die Kreuzung nicht mehr.
Sie tragen dich leblos durch die brachliegende Wüste
der Zukunft und
Der Erinnerung,
Die eiskalt am Horizont klebt und
Das Lächeln zur Fratze macht.

Melancholie und Poesie, auch die Melancholie und Poesie der Ästhetik waren meine Begleiter, die mir zu Leben verhalfen, mich die Widrigkeiten bestehen ließen und dies von Anfang meines Denkens an, ohne daß ich mich jemals nach dem Ursprung und dem Auslösenden gefragt hätte. Es war so und wurde nicht anders, wenn nicht noch tiefer in den Jahren meiner Abgeschiedenheit. In dieser Ausgeschlossenheit vom Lachen des Lebens, erfuhr ich eine der grausamsten Form des Menschseins, das mit und in sich selbst gestellt ist, einsam und allein hinter Mauern, die mit imaginären Gitterstäben undurchdringlich waren. Meine Maskierung schützte mich vor unliebsamen, meist verurteilenden in Schablone gepreßten Fragen. Ich hatte so Geborgenheit in dem Verlust des Mitzuteilenden als die Geborgenheit in der Offenbarung. Es war mir nicht vergönnt und wäre auch völlig entgegen der Zeit gewesen, ein Leben wie Sonja Delaunay um die Jahrhundertwende zu leben, deren Leben ein Gesamtkunstwerk war, deren Kunst Leben war. Durch die Technisierung und die beginnende Digitalisierung war selbst das Wort kalt, ohne Wärme, ohne Zärtlichkeit und ohne Ästhetik.
A. erkannte bereits am Anfang meine für die Anderen fremde und befremdende Seele, die heimatlos geworden ist, dafür aber ein Mehr und ein Meer an Schutz und Geborgenheit gebraucht hatte. A. gab sie mir weitgehendst. Doch ein Stück, ein letzter Winkel meiner Seele

war ausgefüllt mit Leere, die nicht gestillt werden konnte in den Nacktheiten des Alltages, der immer lauter und unempfindsamer wurde. A. kam in mein Leben, als ich klar erkannte, daß ich das Leben, von dem mir früh vieles gestohlen worden und für immer im Neckar untergegangen ist, nur leben konnte, wenn mir die Poesie, sei sie die in der Malerei, sei sie das Dichterische selbst, nicht genommen wurde in der Unbarmherzigkeit der Wirklichkeit. Zu oft überfiel sie mich unvermittelt und ohne Ankündigung, in dem man immer wieder versuchte, mich mit Vorwürfen in moralische und geistige Grenzen zu zwingen. Die Schafotte der Rechtfertigungen vor den anderen und denen, die glaubten ein Besitzerrecht auf mich zu haben verloren anfänglich immer mehr an Wirksamkeit und Schärfe neben und durch A., bis der Zusammenbruch mir wieder den Atem nahm, als ich sowieso ohne Atem war. Es war klar, daß ich nicht im Strom der Allgemeinheit und in den von ihr aufgestellten Verpflichtungen leben konnte, ohne daß ich verantwortungslos war. So war ich zwar außerhalb des abgesteckten gesellschaftlichen Rahmens, nicht aber abseits des Lebens. Und A. ebnete mir behutsam und vorsichtig die Wege in das Leben, oftmals glättete er auch die Wege in das Vergessen der roten Spur, ohne daß ich mein Eigenstes aufgeben hatte. Ohne dieses wäre meine Existenz ein kaltes Fossil gewesen, das der noch kältere Mond ausgespuckt hatte. Neben A. war ich nicht gezwungen, mich hinter der Fassade des künstlichen Lächelns zu verstecken und es gab auch keine Notwendigkeit der Maskierung, die ich auch in der urologischen Klinik in Tübingen nicht gebraucht hatte, als ich in den Semesterferien die Männerstation mit betreute, wobei die Schwer- und Schwerstkranken mich jeden Morgen um sechs Uhr mit dem Satz "und die Sonne geht auf' begrüßten, und es war echt mein Lächeln, galt es doch kranken Patienten, denen geholfen werden mußte. In Gegenwart von A. war ich allmählich nicht mehr so wie ich zu sein hatte. Das Ja zu meiner Existenz wäre fast in dem Lärm der vorbeifahrenden Autos auf der Provinzautobahn untergegangen. Es war gut, daß das Wort des Annehmens und des Verständnisses solch einen vollen und einen nicht so schnell verklingenden Klang hat, so daß es länger in der kleinen Seitenstraße verweilen konnte und auch gehört wurde. In dieser kleinen Seitenstraße wartete A. auf mich, die am Nebenfluß des Neckars vorbeiführte, in dem ich als kleines Mädchen gebadet hatte und an seinem Ufer ein aus Reisig und anderen umherliegenden Hölzern eine Art Schloß baute, das ich für mehrere Stunden am Tag bewohnte und das von den weit ins Wasser reichenden und wachsenden Pflanzen geschützt war. Auch da brauchte ich meinen Schutz vor den neugierigen und fragenden Augen. Durch die wenige Zeit, die A. für ein Neben- und Miteinander hatte, war ich schon immer an die Anwesenheit der Einsamkeit und des Alleinseins gewohnt. Allein sein in der vertrauten Einsamkeit, allein sein mit und unter Menschen in den Straßen ist weitaus weniger schlimm und drang nicht in meine Existenz, als die Übermächtigkeit des völligen Ausschlusses von allem und allen. Weder die Einsamkeit noch das Alleinsein war lebbar, als sich Jahre später meine Existenz auf Schwindel und Angst einpendelte, wie ein Uhrpendel, der nie zur Ruhe kommen konnte, außer durch das geplante Anhalten und Stoppens des Pendels. Die Rechtfertigung, ein anderes Leben leben zu dürfen und zu können, waren wie gerichtliche Auseinandersetzungen und nahmen zum Teil lächerliche Züge an. Sie versickerten immer mehr in den ablehnenden Haltungen. Ich konnte nicht immer auf Zustimmung und Bestätigung warten. Es war zu langweilig und auch zu mühselig, Szenen wie von einer der besten Schauspielerinnen auf der armseligsten Bühne zu spielen und die sich zudem ständig wiederholten und immer lächerlicher sich gestalteten. Irgendwann hörte ich auf zu spielen, zu lächeln, zu unterhalten. Das Aus dieses schlechten Trauerspieles war nahe. Morgens, mittags, abends, dasselbe, das gleichmäßig ewig Kreiselnde im Kopf. Schon seit einiger Zeit konnte ich meine langen Haare nicht mehr zum Zopf flechten, denn ich brauchte eine freie Hand, um mich am Waschbecken festzuhalten, das Maß des Gleichgewichtes hatte ich im doppelten Sinn verloren. Es hat sich ausgependelt. Nach dem ersten Zusammenbruch wollte ich Tage später noch einmal in die Stadt. Ich kam nicht sehr weit. Der Schwindel nahm mir nicht nur die Kontrolle über meine Beine, die bei jedem Schritt in den Asphalt zu versinken drohten, sondern auch die Kontrolle über die sogenannten Ausscheidungsorgane. Die Verzweiflung und das Nicht-Verstehen-Können lähmten mich total, so daß ich mich richtungslos wie im Kreise drehte, bis ich den Weg nach Hause gefunden habe. Nur noch einmal ging ich auf der steinernen Treppe zurück. Bis ich als lebloser Körper und noch totere Seele die Treppe hoch getragen wurde, vergingen einige Monate, in denen die Folterungen des Schwindels sich verstärkten, glashart. Man glaubte mir nicht, auch dann nicht, als ich nur noch wenig an Körpergewicht besaß, ausgehöhlt durch die Brutalität des Kreiselns. Ich wurde von allem Möglichen und Unmöglichen bedrängt, gejagt wie ein angeschossener Hase wehrte ich mich, bis ich keine Kraft mehr hatte zu widersprechen. Es war auch nicht mehr wichtig für mich. Die Leere, die verzweifelt zappelte, überzog mich wie der Mehltau Rosen überzieht, bis sie ersticken. Mich verletzten nicht einmal mehr die Verletzungen, da ich mich schon vor längerer Zeit verabschiedet hatte. Der Abschied wartete noch auf einen günstigen Augenblick. Der Abschiedsbrief lag mit den über zweihundert Tabletten bereit, die ich wie Kostbarkeiten hütete und verwahrte. Es war nicht einfach sie zu bekommen. Ja, ich habe gelogen, ich habe meine Ärzte getäuscht, ich habe meine Nächsten getäuscht. Noch einmal übernahm ich für kurze Zeit, denn es konnte nicht mehr lange dauern, die Rolle der ein wenig angeschlagenen Vergnügten. Die Täuschung gelang. Das Maß war eines Tages voll. Die Maßlosigkeit der Schwindel tobten sich immer mehr aus. Meinem Gehen stand nichts mehr im Weg, denn die Tage wurden immer trostloser. Geschlossene Fenster, geschlossene Türen, geschlossene Seele, geschlossenes Herz ließen mich ersticken, selbst die Tränen blieben verschlossen. Warum sollen sie auch fließen, sind sie doch auch in einem Gefängnis, wie ich selbst in einem Gefängnis bin. Ein grauer, verschlossener Tag, der keinen Anfang aber auch kein Ende hatte. Wie sehr möchte ich mein Leben ändern, die Gefängnismauern fallen sehen. Es war nur eine einzige, dunkle Mauer. Ein trostloser Tag. Wie viele solcher Tage gab es schon und wie viele Tage kommen noch. Es war nur noch der morgige Tag. Gibt es keine Tür, durch die ich leichten Fußes hinausgehen könnte? Dieser Tag schmerzte mich zum letzten Mal.

Die Stille ist mit den Herbstzeitlosen
In den Raum getreten
Noch einmal hetzen die Gedanken
Durch blaue und rote Jahrhunderte
Bevor sie von den Felsenklippen stürzend
Mit der Brandung nachtwärts fließen.

Es war ein sonderbares, ein zugleich leichtes und schweres Erwachen am Morgen, wohl deshalb, weil ich wußte, daß es kein zweites Erwachen mehr gab, weil ich mich nun geborgen und behütet sah. Ich war sehr ruhig und sehr konzentriert, es ging alles leichter, nichts drängte und bedrängte mehr. Vielleicht ist es den zu Tode Verurteilten vergönnt, ihre letzten Stunden so zu verbringen, nicht glücklich, aber auch nicht unglücklich. Ich verrichtete die alltäglichen Verpflichtungen wie immer, nur gleichgültiger und befragender. Es war, als ob nur noch mein Schatten vorhanden wäre, der durch die fremd gewordene Wohnung huschte und nicht einmal mehr ein Schattenspiel abgab. Ich durfte mich mit keiner Geste, mit keiner bleichen Stimme verraten, daß ich abgeschlossen habe. Als ob ich es selbst nicht glauben konnte, daß heute mein Tag gekommen ist, mußte ich mich immer wieder vergewissern, ob meine Tabletten noch in ihrem Geheimfach meines Sekretärs lagen. Über zweihundert Barbiturattabletten harrten ihrer Bestimmung, zweckentfremdet, aber wirksam, die Flasche Alkohol war auch bereit, getrunken zu werden. Kein schlechtes Gewissen beunruhigte mich, denn nach unzähligen Irrgängen zu den verschiedensten Ärzten und nach auch unzähligen sinnlosen Vitaminspritzenkuren, gab es nichts, warum ich auf Heilung hätte hoffen können, auch glaubte mir niemand, daß ich am Ende war, an die Wohnung gekettet und gefoltert durch die täglichen, nie aufhörenden Schwindel. Die Stunden liefen mühsam dem geeigneten Zeitpunkt entgegen, den ich spät am Abend festsetzte. Ich mußte noch ein paar Telefonate tätigen, auch das gehörte zu meinem Plan, ich wollte mit nichts überrascht werden, denn wie das Leben so grausam spielt, hält es das bereit, mit dem man überhaupt nicht gerechnet hatte und würde so die seit Wochen wohl überdachten und überlegten Strategien und Pläne durcheinander bringen, wenn nicht sogar zerstören. Nichts durfte mich mehr von meinem

Plan und Vorhaben abbringen. Das Maß des Leidens war schon lange voll geworden. Die Fremdheit wurde zunehmends größer und übergab mich immer mehr der Leere. Meine Fragen, die nach einem Warum hasteten, blieben ohne Antwort, wahrscheinlich auch deshalb, weil es kein Warum gab und gibt, das war und ist, ist ein Ist und War. Kein Mehr und kein Weniger. Ich versteckte mich hinter meiner Geschäftigkeit und Gesprächigkeit, allerdings nicht so perfekt, daß sie hätten verräterisch werden können. Mitunter klang ich sogar munter und heiter, auch ein kurzes Lachen war dazwischen, denn ich hatte allen Grund des Heiterseins, befreite ich mich doch heute Abend. In meinen letzten Stunden führte ich ein bühnenreifes Szenarium vor. Die meisten Anrufe waren hinter mir. Es war eigenartig, Freunde, manche Menschen zum letzten Mal zu hören, es war Schwerstarbeit und erforderte viel von mir. Wie ist wohl das andere Sterben nach einem langen Leidensweg, genauso heiter und wohl vorbereitet? Oder ist es ein Sterben , das sogenannte natürliche, das immer als etwas Ungewolltes, nicht anzunehmendes Schicksal verstanden wurde, weil der Ewigkeitsgedanke die Menschen schon immer quälte, endlich zu sein. Deshalb strebten sie immer wieder nach Außergewöhnlichem, um so wenigstens an der Unendlichkeit teilnehmen zu können. Noch einen wichtigen Anruf mußte ich erledigen, damit ich nicht angerufen wurde und das dann ins Leere gehende Klingelzeichen zu einer Handlung führen könnte, die mich in das Leben zurückzwingen würde, denn alle wußten, daß ich seit einem dreiviertel Jahr das Haus, die Wohnung, das Zimmer nicht mehr verlassen konnte, daß meine Abwesenheit wie ein Fremdkörper hätte erscheinen müssen. Nichts und Niemand hätte mich von meinem Vorhaben abgebracht. Letzten Endes war nichts und niemand anwesend, der mich hätte stützen können. Die Vorhaltungen für nichts mehr zu taugen, so überflüssig zu sein wie ein Insekt, das zudem noch sticht und ein schmerzendes Mal hinterläßt, standen im begrenzten Raum und wurden mir mit hart angewinkelten Ellbogen kundgetan. Ich war entwurzelt, in dieses Entwurzeltsein brach die Entwurzelung immer weitergehend vehement ein. Ich war nur noch in meiner Kunstauffassung so radikal und eindeutig, in dieser Ortschaft war ich ohne Heuchelei, ohne Maskerade.

Der Abendhauch war warm. Heute las ich keine Zeitung mehr, wie sonst in den langen, überlangen Tagen und Wochen und Monaten, die die einzige Verbindung zum Draußen war. Immer wieder ließ ich die Augen durch die Wohnung streifen und verweilte bei meinen Büchern, von denen ich fast alle gelesen habe, in diesen verlorenen Zeiten, in den Apokalypsen des Gescheitertseins. Wie wird es wohl sein, diese Zeit danach? Wenn es eine Zeit gibt, wenn es ein Sein, ein Ist danach gibt, wie sind sie? Viele Gedanken, die ich nicht fassen wollte, huschten durch das Gehirn, berührten kurz die Seele. Durch diese Tat - ich wußte es - verletzte ich viele mir nahestehende Menschen, aber verletzten sie nicht auch mich, in dem sie immer wieder das Spiegelbild der Unmöglichkeit, der Unfähigkeit zu leben vor mich hielten, indem sie mir eine Ignoranz entgegen brachten, die schon allein ohne Worte eine existenzielle Beleidigung war. Der Tag ließ sich viel Zeit bis zum Abend. Ich hatte nichts mehr zu besorgen. Es war fast ein erfülltes, erwartungsvolles Warten. Immer mehr war und wurde ich nichts, ich war immer ferner, je näher die Stunde kam. Die Stunde des Abschiednehmens sollte wenigstens glücklich sein, in der Abwesenheit jeglichen Lebens. Ich las noch einmal meinen Abschiedsbrief, den ich mit einem Zitat von Matthias Claudius schmückte, er wäre sonst zu schmucklos und hart gewesen. Nichts habe ich vergessen, was ich sagen wollte. Ich habe um Verzeihung gebeten, obwohl ich mir keiner Schuld bewußt war, außer der des Zurücklassens. Wie überlassen aber war ich mir selbst, was ich aber niemandem vorwerfen wollte und konnte. Jeder bleibt in seinem Rahmen, auch wenn er ein völlig langweiliges Bild, eine Belanglosigkeit umrahmte, was mir wiederum vorgeworfen wurde, in dem vorgesteckten Rahmen zu verbleiben. Welch ein falsches Zeugnis. Ich blickte noch einmal die Tage an, diese letzten Tage ganz besonders. Ich ließ mir zu allem und für alles Zeit, denn sie war seit langem verloren und so ohne Gewicht. Ich war allein. A. war nicht zu Hause und blieb auch am Abend fern. Ich war mir sicher, daß meine perfekten Berechnungen mit Ausschaltung aller Zufälligkeiten, aller Unberechenbarkeiten und nicht Gewollten sich erfüllen. Mein Blick glitt über die Ostergeschenke, die ich noch vorbereitet habe, um niemand mit dieser Arbeit zu belästigen, so wie niemand mehr sich von mir belästigt fühlen sollte. Sie waren sehr bunt, ganz im Gegenteil zu meinen Stühlen, auf denen ich so sinnlos gesessen und verharrt und gewartet habe, die ich mir mit den gelebten Unzeiten immer dunkler gestrichen habe, bis sie schwarz wurden. Nichts deutete auf meinen Abgang. Nichts überließ ich dem Zufall. Selbst die Flasche Wein, mit der ich die Tabletten einnahm, habe ich mir bereits besorgt. Eine unscheinbare, graue Plastikschüssel für ein mögliches Erbrechen stand neben dem von mir abgewohnten und abgesessenen Zweisitzer, der mir in seinem blassen Leinen zur Abschiedsstätte wurde. Diesen Zweisitzer deckte ich mit einem größeren Tuch ab, damit er nicht beschmutzt wurde. Die Vorstellung, Erbrochenes gleich wieder zu schlucken war weitaus weniger ekelig, als meine Existenz

selbst. Es dämmerte. Die Wohnung war einigermaßen
sauber, der Abschiedsbrief war in einem Kuvert und lag in
seinem zarten Blau auf dem schwarzen Tisch. Ich ließ nur
spärlich Licht brennen. Die Fenster sperrten weder mit
einem Vorhang noch mit einer Jalousie das zarte, frische
Grün aus, aus dem die ersten Frühlingsblumen
hervorkrochen, sie ließen den Blick zum Himmel offen,
der still und stumm und fast farbenlos, einfach nur
anwesend war.

Mit teuflischem Gesicht lächelt der Tag,
aber auch die Nacht
gemahnt zum Abschiednehmen
Abschied vom Tod
Oder vom Leben?
Vom längst erlebten Gestorbensein?
Bleich und nackt wartet das Reisig
Auf dem Bodenlosen des Getrenntseins
Auf kahl fegende Schneegestöber.

Der Abend mußte heute früher beginnen, der tägliche
Anruf um dreiviertelneun mußte ich um eine Stunde
verrücken, denn die Zeit durfte nicht zu knapp bemessen
werden. Mir erschien die Stimme von C. hart und kalt. Ich
war ziemlich stimmlos, das Kopfnicken und -schütteln als
die einzigen Gesten des Gespräches war für den anderen
unsichtbar und unfühlbar, so daß das fast schweigende
Telefongespräch bald enden mußte. Was sollte ich noch
sagen? Selbst das Gefühl des Verlustes und der Verlorenheit war in mir gestorben. Ich saß auf dem Fußboden, anders konnte ich nicht mehr telefonieren.
Jedesmal, wenn ich die Telefonnummer von C. anwählte,
ging anfänglich ein leises Beben durch mich. An diesem
letzten Tag war es ein ängstliches Zittern vor K., in
Erwartung eines androhenden Wortes, wie in den heißen

sommerlichen Augustwochen, als ich an jedem Schritt des anderen zu erkennen glaubte, ob das eine Wort eingebrochen ist oder nicht. Mein Leben hing monatelang zwischen der Leichtigkeit und der Schwere des Schrittes und kam so immer mehr mit dem Bodenlosen in Berührung. Wie so oft, wurde das Gespräch auch an diesem Abend durch die gewollten oder auch nicht beabsichtigten Unterbrechungen beklemmend und schmerzend. Ich nahm es zu dieser Zeit niemandem übel, daß man mir das Leiden einfach absprach, was mich natürlich noch mehr in die Enge trieb, aber gleichzeitig meine Entscheidung leicht machte. Dieses Abgesprochen-Werden drang aber wie tausend kleine Messerstiche, einzeln unter die dünne Haut gestochen und bohrte sich spitz in mein Gehirn. Ich war nicht nur traurig. Der innerlich dramatische, nichts bewegende Tag, so die letzte Eintragung in meinem Tagebuch, endete allmählich. Nur noch ein restlich verbleibendes Blut mußte aus mir fließen. Das andere war aufgesogen, als ob ein Egel es trank, so daß die Blutsleere meinen Körper, meine Seele und auch meinen Geist immer mehr ergriff. In dieser letzten, angebrochenen Stunde konnte ich von niemanden erwarten, mir gegenüber Verständnis aufzubringen, denn niemand erahnte meine zersetzte Seele. Wäre ihr entsprechend mehr Aufmerksamkeit gegeben worden, wäre die Not erkennbar gewesen, aber sie störte und passte nicht in den getünchten Rahmen. Zu lange dauerte dieser leblose und ungelebte Zustand, der im starken Widerspruch zu dem bunten und natürlichen Leben stand und wie eine Bedrohung für den anderen sein mußte, gerade durch die Verlockungen, die das Abwesende und Getrennte überbrückten und bereit hielten. Ich fühlte mich von der Ursprünglichkeit der Poesie erschlagen, die verstärkt den Knüppel der Alltäglichkeit in der Hand führte. Das Gefühlte im fernen Bahnhof blieb, das Gelebte ging. Zum letzten Mal legte ich, so behutsam, wie ich nur konnte, den Telefonhörer auf, als ob ich etwas Verbotenes getan hätte. Es war fast zu still und mir zu kalt. Schwerelos und doch mit der Schwere des Abschiedes, ging ich in die Küche. Sie wurde von mir sehr vernachlässigt , was mich aber nicht mehr störte, wie auch nicht die Spuren der Diät, die mir hätte den Schwindel beseitigen sollen, es war ein verzweifeltes letztes Aufbäumen gegen das scheinbar Schicksalshafte. Ich entkorkte die Flasche Wein. Alles machte Mühe, der einzige Trost war, daß alles, was ich jetzt tat, alles zum letzten Mal geschah. Allmählich wurde es noch dämmriger, die offenen, nicht verhangenen Fenster vereinigten sich immer mehr mit dem Dunkel der Nacht. Die champagnerfarbene Tapete, die im leise zittrigen Spiel einer Kerze, rosagolden schimmerte, begleitete mich sanft und stumm und ohne Anklage bei meinem Weggang. Ich wurde etwas unsicher, ob ich auch wirklich bis spät in die Nacht allein bleiben würde. Schnell verdrängte ich diesen kurz aufflackernden Gedanken. Oder sollte ich doch lieber in den nahen Wald gehen? Aber wie? Selbst mein Schattenbild war zu schattenhaft und zu weit entfernt, um auch nur die nahesten Natürlichkeiten bewerkstelligen zu können. Ich stellte die entkorkte Weinflasche auf den kleinen schwarzen Tisch. Es war fast feierlich, wenn es nicht trotz allem so jammerwürdig gewesen wäre. Ich mußte noch die Tabletten aus meinem Sekretär herausnehmen, wo sie fein säuberlich Stück für Stück in einem kleinen Karton lagen, wie Kleinode. Je nach Höhe der Dosis waren sie blau, rosa, orange, ein buntes, aber tödliches Farbenspiel. Die Hilfe, die sie mir versprachen und die mir sonst versagt geblieben ist, nahm ich mir

67

offenem Herzen und offener Hand an. Sie waren jetzt tröstlicher und befreiender, als jedes Gedicht, das ich so sehr liebte, und das mir vieles von dem wiedergab, was mir das Leben nahm, das mir selbst die dritte Exekution meiner Seele beschwichtigte, auch wenn es das nachträgliche Elend des Herzensverlustes letzten Endes nicht teilen, noch aufnehmen konnte. In weniger schmerzenden Lebensräumen war es genug, daß es anwesend war, daß es sich nicht in den Straßen der Sattheit und der Gesättigtheit geschrieben hat. Die Gedanken liefen in extremer Zeitlupe noch einmal in die Zeit, als das dichterische Wort zur wirklich gewordenen Gestalt wurde. Diese Begegnung wurde eine Geschichte von Abälard und Heloise im zwanzigsten Jahrhundert. Zu vielen Giften war sie ausgesetzt. In zu vielem mußte sie sich zurück nehmen, wurde sie zurückgedrängt von Händen, die mehr nahmen, als gaben. Das anonyme, graue Hochhaus an der noch graueren Peripherie der Stadt gab dieser Begegnung den ersten Atem, um lange atemlos zu verharren und zu bleiben. Der Lift brachte A. und mich in das sechste Stockwerk. Das laue Licht wurde von dem grellweißen Licht des Scheinwerferkegels des Fernsehturmes durchbrochen, das den langen Gang mit seinen vielen, gleich grauen Türen kurz erhellte, um ihn gleich wieder seinem Dunkel zu übergeben. An einer der grauen Türen klingelten A. und ich. Sie wurde geöffnet. Die Bestimmung und die Fügung fanden ihren Ort, der das Heimatlose und die Nacktheit des Schönen, aber auch die des Bösen in sich trug. Die Türschwelle war überschritten, hinter der nicht nur das Poetische wohnte, sondern auch das Alltägliche mit all seinen Widrigkeiten und Natürlichkeiten und Gescheitertheiten hauste, von denen die später gebrachten Blumen nichts wußten, nichts ahnten, aber einfach schneller verblühten, um nicht deren

Zeuge werden zu müssen. Die Enttäuschung über die Gesprächslosigkeit, das vorerst Gelangweilte der Begegnung, beendete den Abend ziemlich schnell. Mit offenen Armen nahm ich den kühlen Wind in mich auf, der nicht nur die Gedanken glättete. Aus dieser Grauheit kam zwei Jahre später ein Brief. Ich war in mir gesammelt und sehr glücklich über die zusammengetragenen Tabletten. Die Schauplätze der Erinnerungen, nicht nur der erfüllenden, schienen unauslöschlich in mir mumifiziert zu sein, bis und über den Tod hinaus. Ich saß auf dem Zweisitzer vor der Flasche Wein und den nach Farben sortierten Tabletten. Es war eine große Innigkeit und Liebe in mir, die nun nicht mehr zerstört werden konnte. Von links nach rechts und von rechts nach links nahm ich die Tabletten mit einem großen Schluck Wein ein. Ich hatte seit Monaten nicht mehr so ein Gefühl des Sattseins. Immer wieder begehrte der Magen auf, was ich zwar zulassen musste - wie vermessen das klingt - nicht aber hinnahm, denn mein Plan wäre so umsonst gewesen und das ganze Elend würde sich wiederholen und nirgends enden. Das Erbrochene wurde wieder aufgenommen. Es war nicht nur unendlich hart, sondern ein ausgesprochen ekliges Geschäft. Aber wie oft ist Häßlichkeit nur das andere Gesicht der Schönheit? Sie ist in ihr verborgen anwesend, wie die scheinbar verlorene Menschlichkeit in dem Nebeneinander von Mensch und Tier in den schwer- und zähfließenden, mit Fäkalien angeschwollenen Wasserrinnsalen durch die engen morastigen Gassen von Kalkutta, dessen Bild in mir auftauchte, als ich bereits über die Hälfte der Tabletten eingenommen habe. Der Kopf arbeitete immer noch, aber er wurde zusehends müder und schwerer. Ich mußte sehr aufpassen, daß ich nicht einschlief, noch waren sehr viele Tabletten vorhanden, die restlos genommen werden mußten, um sicher sein zu können, nicht mehr aufwachen zu müssen. Immer schwerer griff die Hand nach den Tabletten. Das Schwarz des Tisches wurde sonderbar tief und verschwand dann hinter einem champagnerfarbenen Schleier. Es wurde mir immer mühsamer zu schlucken, auch leer. Die Augen, halb geschlossen, sahen alles nur silhouettenhaft. Das Zimmer öffnete sich lautlos. Ich konnte mich kaum mehr aufrecht halten. Das übrig gebliebene Leben hing wie Blei an mir. Die Hand, voll mit den restlichen Tabletten, konnte ich nicht mehr zum Mund führen, auch nicht mit Hilfe der anderen. Ich sank immer tiefer weg. Das, was ich noch zuletzt fühlen konnte, war, daß es mir sehr kalt war, trotz des weichen und warmen Lichtes, das vor der champagnerfarbenen Tapete leise und leicht tanzte.

Grell weißes Licht fällt auf den
Nackten und verkabelten Körper
Bohrt sich tief unter die Haut und
Beraubt ihn seiner Versunkenheit
Gesäubert liegt das Herz auf
Dem weißen Laken
Das das zersetzte Blut in die
Unterkanäle des Nichtvergessens
Drängt.

Nur in Fetzen und in kurzen Intervallen nahm ich Etwas wahr. Dieses entfernte Etwas war milchig weiß, ab und zu tauchte etwas Metallenes auf. Immer wieder fiel ich in das Nichts zurück, das mich aber nicht bei sich hielt, mich nicht barg und mich wie ein Kokon umspannte, sondern mich hinausstellte und hinauswarf in die Kälte des Lebens. Was war geschehen? Ich bin doch nicht da, wo ich hergekommen bin? Sollte das Andere so sein, wie das Gewesene, wie das gelebte Leben, ist so das gestorbene

Leben? Ich war völlig verwirrt. Meine Lippen wollten sprechen, aber es kam kein einziger Ton heraus. Nichts war bestimmbar, nichts erkennbar. Ganz tief in irgendeiner erwachten Gehirnzelle in einer noch tieferen Gehirnwindung dämmerte es schwach, daß ich in einem menschlichen, irdischen und nicht in einem göttlichen Raum sein mußte. Ich wollte doch in einen außermenschlichen Raum gehen, in ein Vakuum, wenn es ein solches gibt, in dem nichts anderes existiert als nichts. Kein Fühlen, kein Denken, kein Neid, kein Haß, keine Liebe, einfach und wirklich nichts. Ich verblieb lange in einem Zustand, der sich noch nicht für ein Leben oder gegen ein solches entschieden hatte. Ich wurde nicht wach und wollte auch nicht wach werden. Waren die Bilder, die sich in meinem Gehirn ansammelten, Spiegelbilder der Wirklichkeit oder waren es unwirkliche Täuschungen? Ich sträubte mich zu atmen, ich wollte auch nicht die Wand, die mich anstarrte, ansehen, auch konnte ich es nicht einordnen, wohin die seelenlosen, nackten Wände hingehörten. Es waren so viele fremde Geräusche um mich. Ich fühlte immer wieder meinen Körper, indem ich ihn nicht oder nur in seinem Gefesseltsein fühlte. Hände streichelten meine Haare, ich fühlte sie naß und dick verklebt. Ich war nichts. Der kurze, nicht zu Ende gedachte Gedanke, wieder im Leben zu sein, erschauerte mich. Die Hände ließen sich nicht bewegen, auch die Beine nicht. Es schmerzte alles. Der größte Schmerz, die allergrößte Enttäuschung war dieses entsetzliche Halbwachen, in der Balance von Nichtleben und nichtigem Leben, durch irgendeinen Schlauch mit irgendeiner Maschine in das Leben gehalten zu sein. Ein Gesicht beugte sich über mich. Es war kein fremdes Gesicht, es war keine Täuschung der Augen. Es war das Gesicht von A., es zeigte mir, daß ich unweigerlich im

Sterben gescheitert bin. Ich war nur noch ein einziger Schrei. Ich war also wieder zurück und es war alles umsonst. Wieder fiel ich in das Halbwachen, das mir jetzt sogar tröstlich erschien, denn so war das Leben nur ein halbes und deshalb noch nicht mit seinem ganzen Gewicht auf meinem nackten, ausgesetzten Körper. Ich wollte einfach nicht mehr weiter atmen, aber ich hatte absolut keine Möglichkeit, mich dagegen zu wehren, es wurde für mich geatmet, es wurde für mich noch gelebt, ich war eine Maschine.

Viele Hände bemühten sich, mich im Bett aufrecht zu setzen. In dem Stimmengewirr konnte ich immer nur das Wort "atmen" hören und verstehen, das mit einem kräftigen Schlag auf meinen Rücken begleitet war. Ich wollte keinen Atem dieser Welt einatmen.

Es war weniger grausam und weniger brutal, immer wieder in einen bewußtlos ähnlichen Zustand zu fallen, um das Hinein - Geworfenwerden in das nackte Leben besser verkraften zu können. Es flimmerte und flackerte vor und in meinen Augen, die alles nur verschwommen wahrnahmen, so als ob sich die kalte Wirklichkeit schämen würde, sich mir in ihrer Nacktheit zu offenbaren. Wieder hörte ich den Befehlston "atmen", der mit einem noch härteren Schlag auf den Rücken verbunden war, der mir sehr weh tat und dessen blaue Spuren noch lange Zeit sichtbar waren. Ich mußte atmen. Ich war nun endgültig zurück, endgültig wieder in dieser Welt. Ich hörte etwas von einer zweiten Geburt, ich konnte damit nichts anfangen, dieser Satz war so sinnlos. Ich war unendlich traurig. Die rings um mich stehenden Geräte arbeiteten laut und zugleich still vor sich hin, seelenlos, erschöpfungslos.

Der ganze Körper war verkabelt, Hände und Füße waren mit einem breiten Band bewegungslos gehalten, was mich noch haltloser machte und mir noch mehr das Gefühl der Hilflosigkeit gab. Ich war ruhelos. Eine tiefe Scham befiel mich, als ich bemerkte, daß ich nur mit einem leichten Tuch, das ich wegen der gefesselten Hände nicht zurechtrücken konnte, bedeckt, nackt im Bett lag. Wenn dieses leichte Leinentuch doch nur ein Leichentuch gewesen wäre.

Mit und in der ganzen körperlichen und seelischen Schwäche bemühte ich mich , mich zu erinnern. Ich fragte stockend nach der Zeit. Vier Tage der Bewußtlosigkeit und der erfüllten Leere waren vergangen, in denen das Gehirn anderen Gesetzen folgte, in denen die Gedanken matt und hohl waren, ohne Zweck, ohne Absicht, manchmal durchbrochen mit stechenden und blitzenden Farben, die sich an einer champagnerfarbenen Wand brachen und mich zu überrollen drohten. Nur einen Schritt, nur eine Minute war ich vom Tod entfernt. Es schmerzte mich zutiefst. Die Schwestern und Ärzte bemühten sich, mich zu überzeugen, daß es nicht nur ihre Schwerstarbeit war, die mich nach solchen schwerer. Tagen dem Leben zurückgab, sondern eine höhere Gnade. Mit Geräten und Schläuchen wurde ich aus dem Zimmer geschoben, damit ich C. anrufen konnte. Die Finger waren zu schwach, um die Tastatur bedienen zu können. Leise gab ich der Krankenschwester die Telephonnummer. Der Blick nach draußen machte mich sehr betroffen. Es war der Blick in den Universitätsgarten, in den ich vor einigen Monaten geflüchtet bin, dessen herbstliche Kahlheit mir aber keinen Schutz mehr bieten konnte. Er stand jetzt in einem weißen und rosa Blütenmeer vor meinem Auge. Lebendiger als diese blühenden Kastanienbäume hätte kein Leben sein können. Mehr unlebendiger hätte ich nicht sein können, als nach dem Gespräch, als nach dem Gestammel am Telephon, wo mich bereits schon die andere Stimme, die von K. in höchste Not brachte. Der kleine, meinige, Platz auf der Intensivstation war noch trostloser geworden. Die an sich schon harte Wirklichkeit zeigte sich härter und empfindungsloser, und drang tief und schneidend wie das letzte, verschwommene Licht des aus dem Bahnhof rollenden Zuges, der einen geliebten Menschen wegbringt, in die letzten Knochenschichten ein. Ich zitterte nicht nur vor Schwäche am ganzen Körper. Die Erschütterung konnte ich nur noch starr und sprachlos annehmen. Dr. S. wartete bereits auf mich, der mir mitteilte, wie schwer der Kampf war, um mich zu retten. Hätte doch das ganze hoch technisierte Instrumentarium und nicht der Tod versagt. Er sah wohl meine tiefe Verzweiflung, obwohl sie im gewohnten Lächeln versteckt war, und versicherte mir, mich nicht in ein psychiatrisches Krankenhaus zu verlegen, wie es das Gesetz bei Suizidversuchen verlangt.

Nach diesem mußten die Suizidpatienten einige Tage in der geschlossenen Abteilung verwahrt werden, um sie vor sich selbst zu schützen. Ich sollte in eine Abteilung der Inneren Medizin zur Beobachtung verlegt werden. Ich lächelte ihn dankbar an. Wie hätte ich das Geschlossene, das Abgegrenzte ertragen können, wo doch mein Leben bereits gänzlich abgeschnitten war, dem ich nur noch durch meinen Abgang begegnen konnte. Ich war nun in einem Stück Leben angekommen, das bei dem geringsten Stoß wie eingespanntes dünnes Glas zersplitterte und zerbrach, dessen Scherben so schwer zusammenflickbar sind, wie die in und von meinem Leben. Die Zuwendung von Dr. S. ließ mir das Leben versöhnlicher erscheinen. Daß die Hölle bereits auf mich wartete, hätte ich nie gedacht, auch nicht, als ich die weiße Zimmerdecke anstarrte, als ob sie mir auf die unzähligen Fragen eine Antwort geben, als ob sie meine durcheinander fallenden und verschlungenen Gedanken ordnen könnte. Aber dieses jungfräuliche Weiß wußte von allem nichts. In solch einem grellweißen und gekühlten Raum mußten die kalten, weißen Frauengestalten Delvauxs geboren worden sein. Ich wartete auf meine Verlegung. Meine Gedanken brachen sich immer mehr in dem Weiß der Decke und ich wurde etwas ruhiger. Dr. S. verabschiedete sich und versprach mir, mich nach seinem arbeitsfreien Tag gleich zu besuchen. Dr. N. übernahm den Dienst. Die knappe, kalte Sprache, die Hektik, die Geschäftigkeit, die Dr. N. verbreitete, entsprach überhaupt nicht seinem poetisch klingenden Namen Nachtigall, der nach einer klaren Sanftmut und Reinheit klang. Er führte sich wie ein Scharfrichter auf, der gerichtet hat. Er traf mich mit seinem eiskalten Beil, eiskalt drang es in die körperliche Hilflosigkeit und in das seelische Zittern. Kurzerhand entfernte er grob die noch verbliebenen Katheter und Schläuche aus meinem Körper, es war nicht nur sehr schmerzhaft, sondern auch befremdlich. Warum diese harte Eile? Ich wußte nicht, warum ich auf eine in einem gekachelten Raum bereitgestellten Bahre getragen wurde. Ich wußte nicht, warum Dr. N. mir wort- und seelenlos ein dickes Bündel von Papier auf meinen Bauch legte. Kurze und kalte Worte flogen im Flur durcheinander. Sie versetzten mich in eine kaum zu ertragende Ruhelosigkeit, die ich nicht zeigen durfte, denn instinktiv fühlte ich, daß sie mir zum Nachteil gereichen würde, träte sie nach außen. Kurz danach schoben mich zwei Sanitäter aus der Intensivstation. Sie lächelten mich mild an. Nur wenige Stunden nach meinem Aufwachen wurde ich auf Geheiß, entgegen der Entscheidung von Dr. S., von Dr. N. in eine psychiatrische Klinik gebracht. Unfähig auf den Beinen stehen zu können, wurde ich als liegendes Frachtgut in eine Welt geschleppt, die mich schockierte, nicht nur einmal. Von der Dunkelheit der unterirdischen und schwarz schimmernden Katakomben in die Helligkeit der belebten Straße, erreichten wir ein Krankenhaus, dessen Ruf mehrdeutig war. Die Sanitäter betteten mich auf eine andere Bahre um und klingelten an einer verschlossenen Tür, deren Glasfenster mit Eisensprossen versehen waren. Das also war meine zweite Geburt, die mich in die andere Geschlossenheit brachte. Die Tür ließ sich nur schwer öffnen, was noch durch ein fast ächzendes Geräusch unterstrichen wurde. Ein Bulle von Mann übernahm mich, dessen wuchtige Erscheinung vollkommen der Vorstellung eines Wächters entsprach, dessen Seele aber sanft war, was ich in den zwei unmenschlichen und nicht enden wollenden Tagen und in dieser einen langen Nacht, erfahren habe. Er nahm mich wortlos in Empfang und trug mich kraftvoll in ein Zimmer, in dem zwei Betten standen. Auf einem saß eine junge, dunkelhaarige Frau, die mit glasig toten Augen ihren zerlumpten Teddy-Bär fest an sich drückte und hin- und herschaukelte. Das andere Bett war wohl für mich. Dies war eine nackte und traurige Tatsache, obwohl diese Szenen gern und häufig für ein Theaterstück gespielt wurden. Der seelenvolle Wächter schlug das buntbedruckte Bettuch zurück, die einzigen lebendigen Farben in diesem toten Zimmer, und wollte mich hineinlegen. Mir stockte der Atem, auch der Wächter starrte auf dieses braune Etwas. Es war Kot. Menschlicher, denn Tiere wurden hier nicht gehalten, nur Menschen und was von ihnen übrig blieb. Ich wußte nur eines, ich durfte in keiner Richtung verzweifelt sein, mein Hirn arbeitete auf verzweifelten Hochtouren, ich durfte nicht weinen, ich durfte mich in diesen geschlossenen Räumen nicht wehren. Ich durfte keine menschliche Regung zeigen, die nur bedeutet hätte, kaltgestellt zu werden und mit denselben glasig toten Augen wie die der jungen Frau, durch die ebenfalls mit Gitterstäben verriegelten Fenster zu starren, Tag für Tag. Durch diese Absperrungen konnten nur Insekten entkommen oder der kühle Mond hereinkriechen, der seine fahlen Schatten auf den knarrenden Holzboden warf und das Gitterkäfig der Fenster wiederspiegelte. So wußte ich in zweifacher Art um die Verschlossenheit der Räume. Der Wächter informierte einen Arzt, der mich in sein Zimmer abkommandierte, um mich zu untersuchen. Über meinen körperlich desolaten Zustand sah er kalt hinweg. So war ich unfähig, auf einem weißen geraden Streifen auf dem Fußboden zu gehen. Den Satz "auch Ihren Willen werden wir brechen", den er mir in aller Brutalität und in aller Mißachtung des Menschlichen entgegenschleuderte, habe ich nicht vergessen. Die in mir ausgebrochenen Tränen schluckte ich innerwärts. Ich war verloren, gefangen hinter diesen menschenverachtenden Gemäuern, hinter diesen eisernen Gitterverschlägen. Nach dieser Scheinuntersuchung wurde ich in ein anderes, genauso karges Zimmer gebracht.

Der einzige Wandschmuck war ein Kreuz, dessen symbolische Ermahnung mit Füßen getreten und ad absurdum geführt wurde. Mehrere Male versuchte eine ältere Frau, sich neben mich ins Bett zu legen. Schließlich wurde sie fixiert, obwohl ich nichts sagte. Ich hatte nur eines, Angst vor dem Kommenden. Der Bulle von Wächter kam immer wieder in mein Zimmer, das man nur von außen schließen konnte, von innen nicht einmal eine Türklinke hatte, um nach mir zu sehen. Immer wieder trug er mich sanft in das sogenannte Foyer der geschlossenen Station und wachte über mich. Die Sitzgelegenheiten bestanden aus alten, zerschlissenen Sesseln und nackten Stühlen, die manch arme Seele auf sich trugen. Ich wartete auf den nächsten Tag. Nächtlich kamen trotz der strengen

Bewachungen Gestalten zu mir, um mich als Neue zu bestaunen, die tagsüber Napoleon, Hitler oder einfach nur Kaiser waren, die mir in ihrem geheimnisvollen Lächeln zu verstehen gaben, daß sie um sich selbst, aber auch um mich und mein Elend wußten, die aber auch zuweilen aggressiv auf das Mobiliar einschlagen konnten, um dann in ihrem Zimmer für einige Zeit eingesperrt zu werden. Der weiteren Verwüstung ihrer ohnehin kranken und geschundenen Seelen konnten sie sich nur entziehen, indem sie in eine andere Welt, in andere Menschengestalten entflohen und ihr eigenes Selbst aufgaben, um nicht verrückt zu werden oder verrückt sein zu können, damit dieses Normale ertragen werden konnte. Ich war ohne Zeichen von draußen. Die bereits langwährende Nacht wurde durchschnitten durch die Einlieferung eines Mädchens. Sie versuchte, sich vehement zu wehren, was in solchen Stätten das Törichste ist. Je mehr sie sich wehrte, desto verlorener war sie, wie das Schlachtopfer auf dem Schlachtaltar. Sie wurde gespritzt, ihre schwarzen Augen suchten nach Halt. Allmählich wurde sie ruhig und der sie begleitende Vater zufrieden. Er sprach freundlichst mit mir, aber er war ein Barbar, der die Seele seiner Tochter in jungen Jahren zerstörte. Dem Mädchen schenkte ich, nachdem ich nach einer Nacht und einem Tag gehen konnte, den leuchtenden Frühlingsstrauß, den ich von P. bekommen habe. Er duftete durch das kalte und kahle Zimmer. Dem Mädchen liefen glasklare Tränen über das weiche Gesicht, die Augen schrien immer noch, trotz ihrer Glasigkeit nach Hilfe. Der Morgen kam voller Unruhe, fast wie eine Revolution der gequälten Seelen. Es wurde geschrien, es wurde gegen die Wände geschlagen, es wurde gegen die Eisenbetten getreten, es wurde ruhiger, als sie becherweise Haloperidol bekamen. Napoleon zog nun ruhig und salutierend von einer Flurecke in die andere. Die grauhaarige Frau, die nur die auf dem Boden liegenden Zigarettenkippen rauchte, stand hilflos und auf Kippen wartend im Foyer. Ich wollte ihr eine ganze Zigarette anbieten, was sie aber wissenden Lächelns ablehnte. In diesem leeren Raum sammelten sich im Laufe des Tages viele Kippen an. Früh am Vormittag kam A. in Begleitung von G. Sie wurden nach mehrmaligem Klingeln eingelassen und setzten sich, nachdem sie ein paar Worte mit mir gewechselt haben, wie eine durch nichts und von niemandem abzubringende Mahnwache vor das Zimmer des Stationsarztes. Die alten, wackligen Stühle offenbarten das ganze Elend dieser Station. A. hatte zwischenzeitlich alles erfahren, auch von den Intrigen von Dr. N., die nicht mehr rückgängig gemacht werden konnten und die als Brandmal auf meiner Seele eingeätzt waren. Diese Häßlichkeit übertraf meine Vorstellungskraft, obwohl Phantasien reichlich in meinem abgeschlossenen und verschlossenen Dasein vorhanden waren, die mir zugleich ein Rettendes waren. Der Stationsarzt lief äußerst beschäftigt und geschäftig von einem Zimmer in das andere. So schnell wie er wieder die Zimmer der Patienten verlassen hatte, reichte nur für ein äußerst kurzes Wort. Schnell hatte ich begriffen, daß es um eine weitere Verwahrung oder um meine Entlassung ging, die der hinzu gerufene Amtsarzt noch zu bestätigen oder abzulehnen hatte. Es ging um die Befolgung des Gesetzes und um es hart zu sagen, um die Knüppelung und Verkrüppelung der armen Seelen, deren Warten absurder und auswegsloser war, als das berühmte Warten auf Godot. Wie ist es möglich, daß Menschen, die aus Berufung Ärzte geworden sind, in wenigen Sekunden der Beurteilung beurteilen konnten, in welchen Verfassungen sich die Seelen befinden, denn nicht alles, was widersprüchlich oder gegen die Norm ist, ist krank, zu verurteilen und zu verwahren. Ein gefährliches und weitreichendes Gesetzeswerk. G. war schwarz gekleidet. Wie eine Statue ohne Worte, saß er da, achtungswürdig und nicht ohne Wirkung, die aber mehr ausdrückte, als ein Schwall von Wörtern, die in solchen Räumen und Wänden verschluckt wurden. A. wurde in das Ärztezimmer nicht gebeten, sondern befohlen. Es war wohl der normale Ton, der hier herrschte. Die kranken, armen Seelen standen um mich herum. Ich versank fast in dem alten, zerschlissenen Sessel. Sie streichelten mich aufs wärmste, ich war ihnen dankbar für ihre große Liebesfülle, ihre Aufrichtigkeit, ihre Menschlichkeit, obwohl sie seit Jahren nicht mehr das Tageslicht ohne Gitter gesehen und gefühlt haben. Das Mädchen schlich aus dem Zimmer, es sah mich voller Verlorenheit und Hilflosigkeit an und in ihren weiten Augen sah ich mich selbst darin schwimmen. Es suchte nach Schutz, der versagt blieb. Unendlich groß war mein Mitleid für es. Es durfte nicht einmal hoffen, denn das Mädchen hatte keinen Fürsprecher. Mit gesenktem Auge nahm ich ihre Hand, die schwesterlich und weich für einen kurzen, tiefen Augenblick in meiner ruhte. Die Tür des Ärztezimmers öffnete sich und A. kam auf mich zu, dicke Papiere in der Hand haltend, schweigsam und ernst. A. suchte meine wenigen Habseligkeiten, die mir von dem Wärter bei der Einlieferung abgenommen wurden. Als ob ein Kamm, als ob eine Nagelfeile Selbsttötungsinstrumente wären. Die schwere Eisentür fiel hinter mir noch schwerer und dumpfer in das Schloß. Wir standen im kahlen Treppenhaus, ich blickte noch einmal dorthin zurück, wo die Abgeschlossenheit trauriger Alltag war und die darin verbliebenen Seelen wie Marionetten ihr Dasein fristeten. An dem vermeintlich letzten Tag, an dem Tag des Sterbenwollens, ging die Fahrt in den anbrechenden

Morgen. Die erste Fahrt der Rückkehr begleitete der herauf dämmernde Abend. Aber was spielte das für eine Rolle? Ob abends, morgens oder gestern, ob künftig, gegenwärtig oder vergangen, es blieb die Zeit der Abkehr, weg vom Leben und weg vom Sterben. Eine Zeit, die kein Erbarmen kannte. Sie drehte mich wieder durch ihr Mahlwerk, denn was hat sich jetzt geändert? Das, was sich geändert und was sich verdichtet hat, ist die Schwere des Schmerzes. Sie durchlief ihre Zeit wie ein Uhrwerk, gleichmäßig und endlos pendelnd ohne Anfang und ohne Ende, wie das Sandkorn in der Wüste, das immer und ewig ein Sandkorn bleiben wird, gleichgültig wohin es der Wind treibt. Hat Morandi deshalb immer die gleichen Flaschen gemalt, um die ewige Wiederkehr, die Wiederholung desselben darzustellen, nur in anderen Schattierungen, in anderen Dimensionen? Meine Fahrt der Rückkehr war eine Fahrt in eine Sackgasse, wie die der Abkehr, die eine bewusst- und besinnungslos, die andere glück- und haltlos. Haltlos wie die Tränen, die aus mir herausflossen, als ich das champagnerfarbene Zimmer wieder betrat, das so leblos war, wie ich es verlassen habe. Der weiße Sessel, auf dem ich vorübergehend gestorben war, hatte tiefe Furchen, wie die in einem alten Gesicht, das das Leben gezeichnet hat. Ich war tränenüberströmt und wie nie zuvor verzweifelt. Ich wußte nicht, wie es weiter gehen sollte.

A. drängte mich aus dem Zimmer, dessen Geruch mich zusammenkauern ließ. Es bäumte sich in mir alles auf. Ich verstand jetzt noch weniger als vorher. Wie konnte dies alles, das milimetergenau geplant war, schief gehen? Ich konnte hier nicht mehr bleiben. Das Heimatlose schlug jetzt gnadenlos auf mich ein. Nichts war mehr ein Zuhause. Und das, was mir Heimat hätte sein können, war gerade in diesen leblosen Stunden und Räumen fern. Es war ein nie mehr zusammenfügender Riß, wie auch die dreckigen und blutsaugenden Stunden in K. Die zerreißenden und ungeteilten Schmerzen konnten von den häufigen und schweren Regenschauern nicht weg gespült werden. Ein Wort des Trostes kam nicht an, wenn es überhaupt gedacht wurde und nicht in der südlichen Dürre ausgetrocknet und versenkt war. Der Verlust des Ursprünglichen wurde durch das immer Wiederkehrende des Alltäglichen in das Poetische, das abgenabelt in den Straßen vegetierte, das alles in sich tragen konnte, nur nicht die ausschließliche Bestimmung von den täglichen Geschäften, grausamer. Jedes Wort wurde fragwürdiger und schwerwiegender, auch das leicht hingeworfene und scheinbar unüberlegte. Ich war wie ein Schwamm, der alles aufsog, auch die schmutzige Brühe des Abwaschens. Ich war selten mehr unbeschwert und selten mehr durch ein Wort entschädigt, für das, was mir eine Seite des Lebens gestohlen hat. Pragmatisch und streng der schützenden und rettenden Hand entzogen, tobten die Richtungslosigkeiten breit und unerschrocken in meinem Leben. Die Entzogenheit und der Sog ins verdeckt Gehaltene wurden verstärkt durch ein Schweigen, das zwar Menschliches hütete, aber auch Unmenschliches entblößte. Ich fühlte mich nicht nur einmal wie auf einem steinernen Seziertisch, auf dem Organ für Organ, Wort für Wort bloßgelegt wurde. Ein in der Kindheit von der Ballettlehrerin erzwungener Spagat war nicht zerreißender und schmerzvoller. Aber dies war nur die Vorhölle, die Hölle mit ihrer Nachhölle stand, abseits des Lichtes, schon bereit, sich über mich zu stülpen und mich, wie auf einer Anklagebank zwang, etwas zu sagen, das, wenn nicht vernichten, so doch verletzen mußte, das eigene als auch das fremde Blut. Das Spiegelbild des eigenen Gesichtes war mir lange entfremdet und entstellt. Das Gedenken an

diese Stunden, an diese existenziellen Bedrohungen ließ
mir über viele Jahre hinweg nicht nur die Haut erkalten.

Für dich gibt es keine Tür, als die des Käfigs
Keinen Ort, als der der Vierwände
Kein Fenster, als das des Gitters
Keine Brücke
Mehr
Als die der Gebrochenheit
Dir bleiben
Noch
Dürre Gräser
Starrende Hohlaugen
Verbrannte Träume
Abgebrannt auf der steinernen Treppe.

Wie die Tage nach den Tagen des gescheiterten Sterbens
werden sollten, wurde nach allen Künsten der Rhetorik
besprochen. Ich befand mich in einem Schattenmeer des
Lebens und mischte mich nicht unter die Für- und
Widerpunkte, obwohl ich die Betroffene war, Subjekt und
Objekt gleichermaßen. Es war eine verheerende Gleich-
gültigkeit in mir. Jeder geatmete Atemzug in meiner
Existenz war zuviel und war zuwenig durch die immer
schärfer werdenden Beschränkungen, die wie Schlachtrufe
in meinem Gehirn hämmerten. Das verstreute Gift, war
Gift für meine um Liebe bettelnde und über den Klippen
hängende Seele. Es gab nichts, was ich hätte als
Gegenserum einbringen können. Das hilfreiche Serum des
Wortes war mit einem einzigen Wort der Tirade weg
geweht worden in den noch kalten Winden des
Frühsommers. Die Tiraden überdauerten, als ob sie aus
dem gleichen Stoff wie der der ewig gültigen Poesie
gewesen wären, und brachen immer dann auf und über
mich herein, wenn ich all die Wortfäkalien vergessen habe

und ihrer nicht mehr bewußt war. Ich fragte mich oft, ob die Verlockungen der Bequemlichkeiten oder Gewohnheiten, auch die des Fleisches, so groß sein konnten, daß ihnen nachgegeben worden sind und sie aufs äußerste gepflegt wurden. Heute weiß ich, daß diese verlockenden Gewohnheiten und die gewohnten Verlockungen weit mehr waren, aus einem Mehr erwuchsen, als die Darstellungen des Rahmens, selbst in der gelebten Trennung. Es waren für mich mehr als Einstiche eines geschliffenen Metzgermessers.

Gleich zu Beginn meines Aufenthaltes in der Landesklinik Nordschwarzwald, für die man sich wegen ihres guten Rufes entschied, kam die Erbarmungslosigkeit der Worte langsam durch die Telefonleitung gekrochen, die dem anfänglich so süß geflüstertem Wort in allem widersprach, die mich in ihrer Kaltblütigkeit und Bestimmtheit aus meinem Zimmer auf den grauen, menschenleeren Gang stürzen ließ, damit ich nicht erstickte an den Unwörtern, die das kleine Zimmer füllten und auseinander quollen und satt an den Wänden klebten. In ihnen lag der Grund für nie heilende Risse, die bei den geringsten Vorkommnissen ans Tageslicht kamen und nicht zurück weichen wollten, bis sie erneut das gleiche Spiel spielen konnten. Die flüchtenden Schritte wurden von dem grauen Teppichboden förmlich aufgesogen, so wie die Seele im Leeren verschlungen wurde. Der Widerhall der Schritte war gespenstisch, leer und still. Nur der dumpfe und schnelle Herzschlag war hörbar und das Grelle des gehörten Wortes. Ich lehnte mich atemlos an die graue, nackte Betonwand des Flures und war froh, daß mir niemand begegnete. Ich mußte mich sammeln. Meine Seele war die einer Mülldeponie, Schrott, nichts als Müll. Allein die Fahrt vor einigen Tagen nach C. war wie ein Transport von Altlasten. An jeder Ecke, in jeder Straßenkurve, bei jedem Schlagloch auf der Straße kamen Erinnerungsklötze in mir hoch, die sperriger als jeder Sperrmüll waren. Je näher ich der Klinik kam, je dunkler und düsterer der Nordschwarzwald wurde, desto mehr fühlte ich mich als abgeschobenen Müll. Die Phalanx der buchstäblich schwarzen Tannen war für mich mehr als bedrohlich, lautlos und spurenlos könnte ein Mensch sich darin verlieren und verschwinden, langsam wie in einem Sog der schwarzen Masse eines Moores. Nach den unkonventionellen Formalitäten in der LKN stand ich hinter dem riesigen Glasfenster und sah erbärmlich und weinend dem blauen Auto nach, dessen Räder mich weit weg von der Nähe gebracht hatten und das immer kleiner und kleiner wurde. Es schmolz zu einem winzigen Punkt zusammen und löste sich aus meinem Auge. Nur noch ein Unbestimmbares gab der Horizont frei. Nach einer kurzen Zeit der Leere und der verlassenen Verzweiflung ging ich tränenlos in das mir zugewiesene Zimmer. Wieder so ein kahles und leeres Zimmer, in dem das Bett den größten Raum einnahm, dicht an die schmucklose Wand gedrängt. Ich beließ es in dieser nichtssagender Kargheit, denn ich wollte mich nicht wohnlich einrichten wie die anderen Patienten, die ihre Zimmer mit allen erdenklichen persönlichen Gegenständen schmückten, was zum Verweilen einlud und auf eine lange Aufenthaltsdauer deutete. Eine Wohnlichkeit, ein Bewohnen kam für mich nicht in Frage. Der Blick durch das nur bis zu einem kleinen Spalt sich öffnen lassenden Fenster ging idyllisch auf eine Feld- und Blumenwiese mit grasenden Schafen. Auf der Bettkante sitzend, starrte ich hinaus. Hinaus in ein sauberes, äußerst gepflegtes Ghetto im Grünen, umzäunt, nicht nur von einem klar abgesteckten Zaun, sondern auch umzäunt mit hunderten von schwarzen Tannen, die mich in ihrer schweren Erhabenheit noch verlorener und abgeschnittener machten. Nur Fremdes und Kaltes umgaben mich und das, was mich am meisten befremdete, ja geradezu ausschloß, war die hier herrschende Sprache. Das Seelische, die Seele war ausschließlich das Leben, war das Allgültige, in ihr mußte alles zusammen fließen, sie war der düsterste Winkel des Menschen, in den geschaut werden mußte mit dem Werkzeug der Analyse, es gab neben dieser keinen Körper, keinen Geist, kein Blut. Sie war das Totem, sie war der Gral, dessen Geheimnis ganz einfach in der Vor- und Nachgeburt des Menschen lag. Die chemisch - biologischen, die organischen Tatsachen wurden glatt unterschlagen, so interessierte sich niemand für die Schwindelattacken, die manchmal monatelang anhielten, für die mich immer mehr quälenden Unterleibsschmerzen. Es war alles seelisch. Nur es trat keine Besserung ein, auch nicht nach drei Monaten Therapie, die mir immer primitiver und sinnloser vorkam, auch deshalb, weil in der ärztlichen Hierarchiespitze eine Streitfrage ausbrach, wer wohl die bessere Theorie vertrat und welche Theorie an mir bewiesen, bzw. nicht bewiesen werden sollte und konnte. Auch das Pflegepersonal spielte sich auf, als hätten sie das Dunkel der Seelen entdeckt.

Meine Kleidung ließ ich im Koffer. Diese Ortschaft hier sollte nicht einmal den Hauch des Heimischen haben, an das man sich gewöhnt und das zu verlassen Schmerzen bereitet. Es sollte so gestalt- und belanglos sein und bleiben wie die graue Architektur dieses grauen Gebäudes mit seinen gleichförmigen Zimmern und Gängen, die die Wiederholung der Wiederholungen war, Etage für Etage, grau in grau, mit nur einem Unterschied, daß in der dritten Etage die geschlossene Abteilung war, von der grelle Schreie in die hier schwärzere Nacht drangen, die sich an den grauen Bodensteinplatten brachen und in diesem Widerhall noch entsetzlicher klangen. Unerbittlich Nacht für Nacht. Gegen Morgen wurde es still, fast beängstigend still und leise. In jedem Raum lebte sich die Stille aus, wie in einem geheiligten Gebetshaus. Ich hatte das Gefühl, als ob nur geflüstert werden durfte. Impulsive und natürliche Gesten und Stimmen schienen die angebliche Erhabenheit der Räume und der darin Verweilenden zu stören. Selbst die Schritte waren klanglos, so daß ich mich zu Tode erschreckte, wenn ich plötzlich, wie aus dem Nichts heraus, angesprochen wurde. Die Klinik war mit einem Schleier der Lautlosigkeit und der Leblosigkeit überzogen. Manchmal war es so still, daß man nur den Wind durch die Bäume wehen hörte, der sacht an die Fenster klopfte, war es so still, daß man sich wie in einer Gruft, wie vorübergehend verstorben, fühlte. Selten hörte man ein Lachen, selten sah man ein lächelndes Gesicht. Das veranstaltete Sommerfest glich eher einem Begräbnis. Der Freudsche analytische Ernst legte sich über jedes Gesicht. Selbst der Springbrunnen, in der Mitte der Grünanlagen, mit seinen leichten und anmutigen Wasserspielen und seinen eingelassenen, bunten Mosaiksteinchen konnte nicht von der Schwere dieses Ortes ablenken. Auch den Begeisterungsausbrüchen derjenigen, die nur für einen kurzen Atemzug das Fest des Grünen und im Grünen, das scheinbar so fruchtbare Abgeschiedensein, atmeten, gelang es nicht, die verstummte Stille, die Unerträglichkeit der Lautlosigkeiten zu durchbrechen, es blieb ein GULag der gescheiterten und flüsternden Seelen. Die hastigen Schritte zum Ausgang, die kurz darauf aufheulenden Motoren der Weggehenden, verstärkten in mir das Gefühl, daß dieses Stück Erde, in dem sich so viele verschiedene Schicksale begegneten, schnellstens verlassen werden mußte. Auch A. fuhr schneller als gewöhnlich aus dem Klinikterrain. Nicht nur die geschaute Häßlichkeit aus grauem Beton, auch die Armseligkeit auf den verlorenen

Gesichtern, die Verwundungen der Seelen ließen das Leben draußen trotz seinen kalten Monotonien erträglicher erscheinen.

Ich konnte mich während des fünfmonatigen Aufenthaltes in der LKN an nichts gewöhnen, worüber ich auch froh war. So war ich nicht abhängig wie viele andere Patienten, für die die Entlassung eine Katastrophe bedeutete. Nach jedem Wochenendurlaub wurde die Rückfahrt für mich in die Klinik immer mehr zur Strafe. Der Aufenthalt wurde immer leerer, die Anspruchslosigkeiten über den Tag waren zu anstrengend und zermürbend. Ich wußte immer weniger, warum ich hier war. Die Gespräche waren unzureichend. Der Schwindel endete nicht, auch nicht durch sportliche Aktivitäten. Auf einer der letzten Fahrradtour, auf der ich nur geradeaus geradelt bin, nicht links, nicht rechts, ohne Kurve, ohne Wendepunkt, ohne Krümmung, einfach nur geradeaus, so als ob ich in ein Morgen fahren wollte, das keine Sackgassen, keine Schluchten, keine Abgründe kennt, wurde es mir klar, daß ich nicht mehr in der Klinik sein konnte, obwohl ich nicht wußte, wie das Morgen aussieht. Zuviel wurde mir auch, daß ich zwischen den ärztlichen Fronten stand. Ich fühlte mich nicht nur hin und her gerissen, sondern war tatsächlich im Kreuzfeuer der verschiedenen Psychoschulen. Ich bat um meine Entlassung, für die ich selbst die Verantwortung zu tragen hatte. Nach fünf Monaten fuhr ich in das Leben zurück, durch einen überalterten laublos gewordenen Herbst, dem die traurigsten Winter, die kältesten Sommer folgten, die, wie die nächtlichen Alpträume, alptraumartig waren. Gleichmässig. Ebenmässig, in einer gleichförmigen Gesetzesmäßigkeit, die wie eine Null als schwarzes Loch rund und gefräßig war. Es kamen nur noch wenige Frühlinge, die für ein paar Wochen sanft zu mir und für mich waren, in denen ich nicht in den vertrockneten Seitenarmen des Lebensflußes versickerte. Sonst unaufhörlich. An diesem September- morgen war ich ziemlich wortlos und gänzlich still, fühlte mich weder körperlich noch körperlos, als A. mich von der Klinik abholte. Das wenige Gepäck stand sehnsuchts- und erwartungsvoll am gläsernen Ausgang und ich wich nicht von seiner Seite. Ich geriet in ein gefühlsmäßiges Labyrinth des Abschied- nehmens. Einem kamen die Tränen, manche umarmten mich, manche blieben einfach in ihren Zimmern. Es war die Atmosphäre wie die in einem Bahnhof, wo Verlassen und Ankommen, Glück und Trauer eins, aufs Engste miteinander verbunden sind. Ich fühlte mit denen, die in einer Kette von Schicksalen gefangen waren, ohne sie entfesseln zu können. Sie waren im Leben Umherirrende, Geschundene, von denen die meisten immer wieder scheiterten und der Gang in die Klinik gewohnheitsmäßig geworden ist. Ich wurde für sie zum Ansprechpartner, egal ob es sich um einen Wirtschaftsprüfer oder um einen Fließband-Arbeiter handelte. Ich übernahm für sie die Leitung der Atemtherapie, hinter der sie die Freiheit für ein freies, unbelastetes Leben zu finden glaubten. Doch Freiheit für was, Freiheit von was? Sie hatte Löcher, klein- und großmaschige. Die winkende, abschiednehmende Hand erschlaffte bei dem Gedanken, was sich verändert hat, was nun geschieht. Der Schwarzwald rückte immer mehr in die Ferne und schmolz zu einem dunklen Strich zusammen, so wie er bei meiner Ankunft bedrohlich anschwoll. Bei der Rückfahrt konnte ich mich nicht satt sehen an dem bewegten Leben, an den Häusern, hinter deren Fenster die Vorhänge die Haltung, die Mentalität des Menschen bezeugten. Faszinierend war die Frage, die keiner Antwort bedurfte, nach den Schicksalen, nach dem Leben hinter diesen teils Großmut, teils Kleingeist, teils

Gleichgültigkeit, teils Engstirnigkeit verströmenden Vorhängen. Sie sind wie Namen auch Spiegel der Zeit. Ich konnte meinen Hunger nach Leben nicht stillen. Er selbst war völlig ausgehungert und ausgezehrt. Ich ahnte in diesen Stunden und in dieser heftigen Gier nach Bewegtem, daß die Tür, die jetzt aufgetreten wurde, sich immer wieder verschloß und zur Stahltür wurde. Sie ließ einen immer kleiner werdenden Spalt offen. An den bis jetzt noch offenen Fenstern brach sich das Licht, schlich sich immer weiter davon und dunkelte die Zimmer immer mehr ab. Kein Umweg war mir zu viel, kein Stau war zu groß, kein LKW war zu langsam, keine Ampel war zu lange auf Rot. So dehnte sich die Rückfahrt aus, die gelebten Minuten wurden jedoch zu Sekunden. Sie vergingen nicht, sie rasten in die und in der Zeit. Nach einigen Stunden drückte ich den Türgriff nach unten und stand wie ein Fremdkörper in der Wohnung, die P. während meiner Abwesenheit wieder bewohnbar machte. Ich vergaß fast zu atmen, so sehr schlug mir die ganze Leidenschaftlichkeit des gescheiterten Abschiedes entgegen.

Trotz des weiter bestehenden, mich quälenden Schwindels, versuchte ich zu leben. Ich wehrte mich, daß er mich wie eine dritte Haut ein- und abschnürte. Wenn ich das Wissen gehabt hätte, das ich Jahre danach , Leid um Leid, Pein um Pein, Qual um Qual, Not um Not, Verlust um Verlust, Enttäuschung um Enttäuschung erfahren habe, wäre mir manche Grausamkeit erspart geblieben. Aber ich war noch zu naiv und zu vertrauensselig für das Dasein und für den Menschen und die Menschen. Manches entpuppte sich später als Ungeheuerlichkeit. Der Nachfolger meines Hausarztes, dessen Freitod mich sehr betroffen machte, gab mir gegen den Schwindel ein Medikament, von dem er sagte, daß es völlig unschädlich und fast ohne Nebenwirkung ist, dessen Dosis nach Belieben gewählt werden kann. Den Beipackzettel zerriß ich. Eine Leichtsinnigkeit, die schwere Schatten nach sich zog. Ich hätte gut daran getan, dies zu unterlassen. Unter kretischem blauem Himmel vollzog sich das gesamte Spektrum der medikamentösen Nebenwirkungen. Die Geißel des Schwindels ließ mich trotz der Medikamente noch lange nicht los. Er war sehr viel stärker als ich und fesselte mich mit einer Regelmäßigkeit, die mich in ihrer Tiefe und in ihrer Ausdauer tiefer in das hemmungslos Wütende des Verschleißens steuerte. Aus diesem Sog gab es kein Entrinnen mehr. Das kurz erlebte Glück auf Kreta zerbrach in kleinste Scherben.

Zum ersten Mal in meinem Leben saß ich in einem Flugzeug, das mich nach Kreta brachte. Wo anders als in den Geburtsstätten der westlichen Kultur, konnte ich meine zweite Geburt erleben und leben. Der Gedanke, griechische Erde zu riechen, reifte Monate, bis er endlich Gestalt annahm.

Ich fühlte, genügend Kraft in mir zu haben, um zu reisen. Auch fühlte ich, daß ich die bisherige Nähe des Vertrauten aus und in der Ferne erfahren konnte. Ich strebte so sehr danach, denn nichts war mir mehr selbstverständlich, selbst das Natürlichste und Belangloseste nicht.

In der Frühe eines regnerischen Junitages fuhr ich mit L. im Bus zum Flughafen. Die Stadt war gerade im Erwachen. Die Straßen füllten sich, auf deren Regenpfützen sich sanft die Silhouetten der Häuser widerspiegelten. Mein Blut pulsierte im Gleichklang mit dem aufkommenden Verkehrslärm. Es roch überall nach Leben, von dem ich viel zu sehr entwöhnt war. Und umso begieriger sog ich dies in mich ein, auch den Benzingestank, der über den Straßen hing. Die

Mitreisenden starrten in Müdigkeit und gelangweilt vor sich hin und gelangweilt aus den Fenstern, als ob sie bereits mit allem abgeschlossen hätten, mit den Schönheiten und auch mit den Häßlichkeiten des Lebens. Doch wozu dann eine Reise? In mir brannte das Feuer des Neuen, des Ungewöhnlichen , des noch nicht Erlebten, des zu Erwartenden, nicht nur in der Ferne und der Fremde. Für mich war dieser Freitag im Juni ein Tag des Festes. Der Bus schlängelte sich im Dickicht der Autos durch die Stadt hinaus zum Flughafen.

Nach vielen Monaten der Qual, der Enttäuschung des Verlustes verließ ich die Vierwände und war inmitten einer Unmenge von Menschen, deren Gesichter vom Abschied oder von der Willkommensfreude gezeichnet waren. Ich konnte nur staunen. Wachte oder träumte ich? Es war fast eine irreale Szene. Mein Koffer stand tatsächlich neben mir und ich hob ihn auf das Fließband, das ihn in das Innere des Unbekannten verschwinden ließ. Immer wieder wurde ich mit harten Ellbogen angerempelt, wofür sich manche entschuldigten, was andere wieder mit der größten Selbstverständlichkeit unterließen. In keinen anderen Orten wie in Flughäfen oder in Bahnhöfen liegt die menschliche Seele so offen und offenbart sich in allen Richtungen und Abstufungen des Schmerzes und des Glückes. Manche versanken in sich, nur ab und zu verloren sich die Augen in der Menschenmenge, manche gebärdeten sich wie ein Rudel losgelassener hungriger Wölfe, die um ihre Beute kämpften. Kaum war die Absperrung geöffnet, stießen sie nach vorne, um die besten Plätze im Flugzeug zu ergattern, obwohl die kleinen Fenster nur einen kleinen Ausschnitt durch die Wolken auf große und kleine Städte freigaben, die wie austauschbare Spielzeuge erschienen, ohne jegliche Wichtigkeit, völlig bedeutungslos. Und doch spielen sich dort unten menschliche Tragödien ab oder aber auch Lächerlichkeiten, die bisweilen in Absurditäten und in menschlichen Trümmern und Irrtümern gipfelten, worin auch ich mich gestellt sah. Sollte ich jetzt, eingequetscht zwischen Dicken und Dünnen, zwischen Wortkargen und Grölenden, zwischen Ängstlichen und Großspurigen, aus dem Traum, der mich nach Kreta entführt, erwachen? Sollte ich Kafkas "Verwandlung" am eigenen Körper erfahren und mich in den vertrauten Vierwänden vorfinden, die mich wie Panzer umgaben und einschnürten, die mich mit der Zeit immer mehr amputierten, Glied um Glied, Nerv um Nerv.

Es konnte kein Traum sein, ich saß tatsächlich dicht unter dicht gedrängten Menschen im Flugzeug, das sich langsam erhob und sich in den Himmel hinein schob, der sich aber immer weiter entfernte, je näher er in den kleinen Luken erschien. Mein Atem sprang zwischen Atemlosigkeit und hektisch schnellem Atem, die Hände fest an die Armlehnen, die mein Flugnachbar ab und zu für mich freigab, geklammert. Ich flog der kretischen Erde entgegen. Ein Meer von ockerfarbener und verbrannter Erde lag unter mir. Der frisch gefallene Regen versickerte, ohne eine Spur zu hinterlassen. Auf dem Asphalt der Landebahn verdampfte der Regen und vermischte sich mit dem Geruch des Kerosins, der mich zusammen mit dem Flimmern der heißen Luft umarmte. Das Südliche gab mir für sieben kurze Tage das Lächeln, ja die Verzauberung der Existenz zurück, das lange aus meinem Gesicht und meiner Seele verbannt war. In der angemieteten Wohnung mußten zuerst die gesammelte und aufgestaute Hitze und Scharen von Ungeziefern in den kühlen Abend entlassen werden. Aghios N. war der Ort, an dem sich das Teuflische und das Glückhafte einer Existenz vereinigte und paarte, um ein menschliches Wrack zu gebären.

Hell und licht ziehen Blauwolken
Der kretischen Erde entgegen
Noch warten gestrige Gesteine
Geheimnisvoll auf das Morgige
An dessen Horizont bereits
Drohungsvoll Vogelscharen
Kreisen
Reißende Ströme brechen auf.

Die Freude, zur Lassithi - Hochebene mit ihren hunderten von zartweißen Windrädern zu fahren, war groß. Am frühen Morgen liefen L. und ich zum nicht weit entfernten Omnibusbahnhof, die Sonne kroch gerade am Horizont hoch. Es waren wenige Menschen unterwegs. Es war noch ruhig auf der staubigen Straße. Bei jedem Schritt tanzten Staubwolken vor unseren Füßen und legten sich leicht im ewig gleichen Spiel auf die trockene Erde. Das Leben liebte mich wieder, das ich so lange verloren hatte. Es war nur großes Staunen in mir. Alles schien in Schönheit getaucht zu sein. Ich spürte auf meiner Haut Leben. Selbst der klapprige alte Bus schien mir silbern in der Sonne zu glänzen. Er hat schon längst seine eigene Zeit überlebt. Die fast schon kunstvollen Kitschfiguren in grellen Litfasssäulenfarben baumelten an der verstaubten und fast schon blinden Frontscheibe. Das Gedränge, in den Bus zu kommen, war groß, aber freundlich. Der Bus füllte sich immer mehr. Es wurde zunehmend wärmer und die Luft im Bus stickiger.

Die kleinen Fenster, die nur ein wenig zu öffnen waren, waren überfordert bei diesem Ansturm von der luft-verschlingenden Masse Mensch. Es war ein schlechter Austausch zwischen ausgeatmeter Luft und den immer weniger werdenden Sauerstoffmolekülen. Jede Ecke des Busses war belegt und besetzt. In dem Gang stapelten sich Kartons und Tüten und Kisten voll mit Gemüse. Der Bus war total überfüllt und es brauchte einige Anstrengung, um ihn in Bewegung zu setzen. Er verließ mit dicken Rauchwolken die kleine Stadt. Zusammen mit dem aufgewirbelten Staub schien die flimmernde Luft noch dicker zu sein. Das bizarre Gestrüpp entlang der schlaglöchrigen Straße begleitete den klapprigen Bus auf vielen Kilometern.

Ab und zu stand eine magere Ziege am Straßenrand, die mit lautem Gemecker, als ob sie sich der ankommenden Zivilisation widersetzen wollte, in die ausgelaugten Felder zurück stob. Der sich immer mehr ausbreitende Stickstoff ließ das Durchatmen beschwerlicher werden.

Dazwischen mischte sich Knoblauchgeruch mit Mundgeruch und dem Geruch des strengen Schweißes, der tröpfchenweise auf die zerschlissenen kunstledernen Sitze fiel. Die zerrissenen Vorhänge boten keinen Schatten mehr, so daß die Hitze im Bus fast kochte. Selbst die wenigen Wolken suchten einen Unterschlupf vor der versengenden Sonne. Trotz dieser beengenden Hitze deutete nichts auf eine Wende in meinem Leben hin, das gerade zu leben begann. Mit einschläferndem Geknatter fuhr der Bus auf fast schmelzendem Asphalt der Lassithi-Ebene entgegen. Die Mittagshitze schwoll an. Der Bus hielt immer wieder an, ließ Menschen zu- oder aussteigen, egal, ob es eine Haltestelle gab oder nicht, ob die Straße eng war oder ob sie eine unübersichtliche Kurve machte. Es war ein stetes geräuschvolles Anhalten und Abfahren, was aber niemanden störte. So konnte wenigstens etwas Frischluft in den Bus kommen. Es geschah einfach mitten in einer Mittagsminute. Ich fühlte mich sehr schlecht und mußte brechen, bekam Durchfall und urinierte ungewollt. Alles zur selben Zeit. Synchron. Die Mitreisenden sahen mich und kümmerten sich sehr um mich. Sie baten den Busfahrer anzuhalten. Und er hielt mitten auf der Straße

an. Weit und breit kein Dorf, keine Stadt, nur Gestrüpp, verlassene und brachliegende Äcker und der brennende Gesang der Sonne. Ich war völlig hilflos und fühlte mich sehr elend. Das Erbrechen hörte nicht auf. Die harschen und vorwurfsvollen Worte von L. taten weh, die Plastiktüte, die sie mir mit harter Hand gegeben hatte, erfüllte aber ihren Zweck. Aus den Gesten der Mitfahrenden las ich, daß bald ein größeres Dorf kommen mußte. Ich durfte hinter dem Fahrer Platz nehmen, nachdem ich mich draußen dessen entledigte, was mich in höchste Scham und Not brachte. Immer wieder gaben die anderen mir zu verstehen, daß ich es bald geschafft hatte. Die Fahrt dehnte, dehnte sich entsetzlich lang. Die Sekunden schleppten sich von Minute zu Minute. Mir wurde immer elender. All zu lang konnte ich diesen Zustand nicht aushalten. Auch die verschriebenen Tabletten halfen nichts, die ich in diesen Augenblicken vermehrt eingenommen hatte. Sie verstärkten vielmehr meine schlechte Verfassung. Endlich kam der Bus in einem fast menschenleeren, größeren Dorf an. Die Sonne trieb alle in ihre Häuser. Der Busfahrer hielt vor einer Bar an und er gab mir zu verstehen, daß er ein Taxi rufen wollte, das auch ziemlich schnell kam. Ich hatte Mühe, ins Taxi zu steigen, so zittrig bin ich geworden. Dem Vorschlag des Taxifahrers, mich in das nächste Krankenhaus zu bringen, widersprach L. mit einer unmißverständlichen, harten Kopfbewegung, die und noch anderes mehr, die Freundschaft für Monate unter sich begrub. Ich sah, daß der Taxifahrer oft besorgt nach mir schaute. Ununterbrochen würgte es mich und der Drang, Wasser lassen zu müssen, wurde durch das weiche Schwimmen des Autos bis ins Unerträgliche gesteigert. Nur der Fahrtwind brachte etwas Linderung.
Die vielen Stufen hinunter in die Wohnung waren wie der

Gang in die Unterwelt ohne Licht, ohne Wärme, ohne Hilfe. Aussichtslos. Ohne Aussicht auf Besserung. Acht Tage vollzog sich mein Leben in einem acht Quadratmeter engen Raum, dem des Zimmers mit Bett und dem der Toilette mit Dusche. Ich betete Gedichte, ich trat in das Gedicht von C., ich trat in die letzten Briefe van Goghs ein, ich holte mir die satten Farbkompositionen Gauguins ins Hirn, ließ die Unerschütterlichkeit und die Lebensfreude von Alexis Sorbas in meinem Ohr klingeln, sang stimmenlos Edith Piafs " je ne regrette rien". Nichts half. Ich wurde immer erschöpfter und völlig entkräftet. Es war der totale Zusammenbruch und der Abbruch vom Leben, ich war wie ein Ast, der abgebrochen und achtlos auf der Wiese lag. Ich wußte nicht, was mit mir los war. Auf diese hilflose Frage bekam ich erst neunzehnhundertvierundneunzig eine Antwort. Längst hatte sich der Stacheldraht der Angst um mich gelegt. L. ging unbeirrt ihre Spaziergänge von morgens bis abends oder hielt sich am Strand des klaren Meeres auf. Der Tag der Abreise näherte sich. Erschauernd. Ich wußte nicht, wie ich zum Flughafen in H. kommen sollte. Dies bohrte sich wie ein Messer immer mehr in mich ein. Auf L.'s Unterstützung konnte ich nicht rechnen. Die Gestik und Mimik von L. bezeugten mir dies aufs Schärfste und Eindeutigste. Es war als ob mein Leben in den noch zu packenden Koffer abgeschlossen worden wäre. Mit eiserner und letzter Kraft schleppte ich mich am sehr frühen Morgen mit dem Koffer, der wie Blei an mir zerrte, zum Flughafen. In einem äußerst kurzen Satz, erfuhr ich von L., daß ich am Flughafen in M. abgeholt werden sollte. L. telephonierte mit A. Am Flughafen angekommen, meinte die Reiseleiterin, daß ich in solch einem Zustand nicht mit einem regulären Flug nach Hause kommen kann. Ich lehnte einen Krankentransport ab. Die Stunden des Fluges erlebte ich als nicht enden wollende, sie schienen von der Zeit vergessen worden zu sein. Ich hatte mich seit Tagen nicht mehr im Spiegel gesehen. Von den widerspiegelnden Glastüren im Flughafen von M. blickte mir ein bleiches und fremdes Gesicht entgegen. Ich erschrak selber vor mir. War ich das tatsächlich, das mich anstarrte. Ich mußte ich sein, denn A. winkte mir von der Wartehalle zu. Ganz im Gegensatz zu L.'s verbohrter Stummheit auf Kreta - dieses harte und eiserne Schweigen, das ich überhaupt nicht verstehen konnte - geriet diese bei der Ankunft in M. zu einem Redefluß, der zu einem Orkan der Wörter anschwoll und selbst die Lautsprecherstimmen überbot. Ich hielt es fast nicht mehr aus und sank noch mehr in mich zusammen, die Ohren von innen verschließend, so daß kein noch so lautes Wort in mich eindringen konnte. Ich hatte kein Lächeln mehr, ich hatte es unterwegs wieder verloren. Der kurze Ausflug in das Leben war beendet. Hartnäckig bemühte sich jetzt L. um mich, was völlig unnütz und sinnlos war. Ich erschrak bei jedem Wort, das immer lauter wurde, je näher die Trennung kam, die von L. bis weit in die Nacht hinausgeschoben wurde. Eine hohl gewordene Freundschaft mit vielen Fragezeichen stand am Ende dieser so glücklich begonnenen Reise. Das Geschehene konnte nicht mehr ungeschehen gemacht werden. Ich brauchte viele Monate, um die erfahrene Rück-sichtslosigkeit und Unmenschlichkeit zu vergessen. In dankbarer Erinnerung des um Jahre zurück liegenden blutroten Augusttages, konnte ich das Gespräch mit L. wieder aufnehmen. Jahre danach scheiterte die Freundschaft von neuem. Unwiderruflich und endgültig, ohne jemals den Grund erfahren zu haben. Mein Brief an L. blieb ohne Antwort. Der Bruch kam genauso unerwartet wie das Zerwürfnis auf Kreta, das in einer eindeutigen

Handbewegung gipfelte, als ich den bunten Blumenstrauß, den L. einen Tag vor der Abreise gepflückt hatte, ins Wasser stellen wollte. L. entriß mir die Blumen und schaute mich mit Haß an. Ich wurde L. wohl zu einer Last und zu einem Hindernis in den letzten acht Tagen auf Kreta. Es war mir in den ersten Tagen nach dem Zusammenbruch klar, daß ich keine Hilfe zu erwarten hatte. Ich verhielt mich so leise, so still, wie es nur ging, war stets darauf bedacht, daß ich mit meiner gebrochenen Existenz nicht den Unmut von L. noch mehr heraufbeschwor. Ohne Widerspruch, ohne Klage, ohne Bitte. Ich hatte auch keine Kraft mehr, durch das viele Erbrechen. Und das wenige Essen zehrte mich aus. Eine Scheibe Brot morgens, dann nichts mehr bis zum nächsten Morgen.
Es gab nicht einmal ein dünner Strohhalm, an dem ich mich hätte halten können. Kreta wurde mir zu Alcatraz. Inmitten des bunten Lebens wurde ich zur Gefangenen auf einer nicht mehr zu erreichenden Insel. Der trennende Stachel bohrte sich tief und schmerzvoll in mein Fleisch. Der Absturz war ungebremst, auch der Absturz ins Kunstlose war unaufhaltsam. Die Abwesenheit aus der Zeit begann.

Wirbelndes Blatt, erklommen hast du
Freudig den Bergkamm
Vorbei an strahlend schweigenden Olivenhainen
Gestürzt bist du mit Asche und Geröll
In den graslosen Frost.

Im brachen Feld des Vakuums, das nach Kreta aufbrach, lebte mein Herz jahrelang fast bis zum Stillstand. Mein Gehirn war eine Zentrifuge, meine Gliedmaßen waren eine gallertartige Masse, die im noch weicheren Boden versanken. Ich hing haltlos zwischen den Worten, auf die sich mein Leben zurückzog und stützte, auf die es ausschließlich angewiesen war. Es hing am guten, am schlechten, am gelogenen, am wahren, am alltäglichen, am poetischen Wort, am gesprochenen, am ungesprochenen, am nebensächlichen, am wesentlichen Wort. Ich war ein angeketteter Hund, dessen Lebensradius nicht größer war, als die kurze Eisenkette freigab. Ich war in einem dunklen Kanalisationssystem, aus dem ich immer nur für kurze Zeit und qualvoll herauskroch, das Tageslicht mich blendend. Die sich darin bewegenden Menschen erschreckten und entsetzten mich, die mich wie einen getretenen Wurm zurückziehen ließen in die Zwei- und Dreizimmerbehausung. Eine mitten in der Stadt, in der wenigstens der Lärm des Lebens gerochen werden konnte. Die andere an deren grünen Peripherie, in der die grüne Stille nicht nur den Körper nicht fühlen ließ. Ich war ein Lebender ohne Leben, ich war ein Toter ohne Tod, ich war ein Ertrinkender ohne Trank, ich war ein Gesunder ohne Gesundheit, ich war ein Kranker ohne Krankheit. Ich war ein am Wort entlang Hechelnder im Ghetto des Schmerzes, der zwischen zwei Wohnungen unterwegs war und der sich im quadratischen Einschnitt des Fensters verfing und zurückprallte. Blutig geworden durch die Wucht des Aufpralles an den geweißten Wänden.

Am verglasten Strand ist das Wort bedeutungslos.
Es windet sich durch die Gezeiten der Kanäle
Und schäumt in den wunden Arterien und Gedärmen
Ohne dem anderen zu begegnen
Ohne sich um das andere zu kümmern,
Es verliert sich im Wolkenbruch,
Der sich unaufhörlich auf die trockene Wiese ergießt
Und am geschlossenen Fenster des Bunkers
Zerfällt.

Heute sitze ich am offenen Fenster, das mich nicht mehr auf drei Quadratmeter Ausblick beschränkt. Die geweißten Wände begrenzen nicht mehr, sondern öffnen sich nach außen, wo der feine und sanfte Regen meine Augen in die Stadt trägt. So behutsam, daß sie nicht in die Häuserschluchten fallen. Sie tasten sich wie die Füße vorsichtig durch die fremden Straßen. Immer wieder zögert alles in mir, weiter zu gehen. Vorbei an Häusern, die ich nur von weitem kannte. Jede Hausfassade, jeder noch so alter verbauter Stein kommt mir strahlend und Vertrauen einflößend vor. Ich habe mich von der Wohnung weit entfernt. Das Stadtzentrum rückt mich in eine Nähe, die mich tief und schwer atmen läßt. Die Hände fassen in die Manteltasche, wo sie Schutz suchen. Oder sie fingern aufgeregt in der Handtasche. Die Beine sind schwer und doch tragen sie mich, ganz im Gegensatz zu den früheren Zeiten. Die Buchhandlung unterwegs zerstreut mir meine durch den Kopf schießenden Gedanken. Quälende Gedanken, ob ich es wohl schaffe, in der Stadt anzukommen. Es sind noch viele Straßen, die mich von ihr trennen. Die Begegnung mit immer mehr Menschen kündigt mir an, daß sie in greifbarer Nähe sein muß. Menschen sind mir entwöhnt und ich fürchte sie fast mehr wie Hunde. Irrational. Ich vertiefe mich in ein Buch über Michelangelo. Selten gibt es eine reinere Darstellung der weiblichen und mütterlichen Unschuld als seine Pieta. Vor ihr wird man entweder zum Gottesgläubigen oder zum Gottlosen, so sehr dringt diese reine Schönheit ins Herz. Immer wieder schiele ich auf die Straßen. Sie sind sehr belebt. Ich atme tief und kurz, gleichzeitig. Lege das mich bis jetzt schützende Buch in das Regal zurück und gehe ein paar Schritte weiter. Es sind existenzielle Schritte. Sie sind Leben, für oder gegen mich. Ich muß den alles entscheidenden, verloren gegangenen Schritt tun.

Drei breite Straßen warten darauf, überquert zu werden. Ich warte die erste, die zweite und die dritte Ampelphase ab. Ich fühle mich so elend, obwohl mir fast die Sinne bersten, bis hierher gekommen zu sein. Nach achtzehn Jahren allein eine Straße überqueren, die mich in die Stadt mit hunderten von Menschen bringt. Die Ampel zeigt wieder grün. Es überkommt mich ein Schauer. Ich gehe über eine der drei Straßen. Auf einer Verkehrsinsel muß ich verweilen. Die Autos rollen laut und lärmig an mir vorbei. Es ist schön, die Benzinluft zu fühlen. Ich warte immer noch. Ich führe einen erbitterten Monolog gegen mich, die ich so voller quälender Gedanken auf einer x-beliebigen Verkehrsinsel stehe und gegen das ankämpfe, was jahrelang in mir eingeätzt war, auf das Gelb wartend. Die letzte Straße, die ich überqueren muß. Was mache ich danach? Eine sinnlos bewegende Frage. Von weitem sehe ich die schlecht kopierte Skulptur des Denkers von Rodin. Klar und schwer in die Zukunft denkend. Der Monolog wird immer eindringlicher. Das Dessous Geschäft kann nur kurz meine Aufmerksamkeit erringen. Ich stehe einfach da. Stelle mich verstohlen in eine Ecke, die nichts anders zeigt als eine kalte Häuserwand. Langsam komme ich aus dieser kleinen Ecke und schleiche weiter. Vor jedem noch so belanglosen und kleinsten Schaufenster, die Schlüssel, Gesundheitsschuhe, Jagdpokale oder gebrauchten Schmuck aus längst gelebten Jahrzehnten ausstellen, bleibe ich stehen und sehe nichts. Ich bin in der Stadt. Keine Stadt hat außergewöhnlicher sein können als das provinzielle S. Da, wo ich in vergangenen Tagen in Begleitung den Stadtgang abbrechen mußte und total verzweifelt in meine vier Wände zurück kam, bin ich jetzt allein. Allein mit dem Wind, allein mit der Straße, allein mit den Häusern, allein mit dem Mac Donalds Geruch, der die Fußgängerzone füllt, allein mit jedem Atemzug, allein mit jedem Schließmuskel der Augen, die nicht wissen, was sie zuerst schauen sollten. In den Ohren klingt es, als ob ein Orchester Brahms' vier Sinfonien spielen würde. Wie oft habe ich sie in meinem Bunker gehört, um danach noch trauriger zu sein. Ich zittere. Fast ist es unmöglich zu glauben, daß ich es bin, die im Stadtzentrum steht, in dem Menschen vorbeieilen und hasten. Achtzehn Jahre Entbehrung, Abhängigkeit lagen vor mir. Ich hatte sie verloren, all die Natürlichkeiten, die Selbstverständlichkeiten. Kaufte ich mir etwas zum Anziehen, war es kein Geschäft des freudvollen Aussuchens, sondern ein Akt der Qual, der schnellstens erledigt werden musste. Das Geld nach Möglichkeit bereits abgezählt, um dem Warten an der Kasse vorzubeugen. Es gab kein Verweilen, es gab keinen Müßiggang des Einkaufens, kein Stöbern in Büchern. Es gab nur die Angst, Fleisch geworden, die als glatter und glitschiger Riesenkörper unangreifbar und mit ihren eigenen Gesetzen mein Leben war. Mein Ich war minimiert auf einen kleinen Wurmfortsatz.

Ohne Kraft, ohnmächtig durchlebte ich die tiefen Schnitte, die im Zusammenprall der gelebten Poesie mit der zu erfahrenden Wirklichkeit entstanden. Selten gab es ein harmonisches Zusammenspiel zwischen mir und den Menschen, die mein Leben füllten, um es immer wieder reich an Verlorenheiten und Sinnentzogenheiten zu machen. Nur selten konnte die Poesie mich noch in ihr Reich von Schönheit und Edlem entführen, wie sie es tat in den ersten Jahren vor und mit C. Zu oft war sie mit und von Widersprüchen aus dem alltäglichen Leben überdeckt und gepaart, so daß es für mich unendlich schwer war, an ihre Ruhe und Besänftigung verströmende Kraft zu glauben. Wie oft wollte ich in ihrem Schoß ausruhen oder auch verschwinden, wenn mich das Leben wieder einmal aufs Härteste getroffen hat. Die alte Stadtmauer von E.

war nicht steinern genug, die Worte von C. aufzusaugen, sondern ließ sie in ihrer Dichte schweben, die wie ein Messer zuschnitten und zerschnitten. Langsam kamen feinste Risse, hunderte in meine Seele, die mich wieder um ein Mehr heimatlos werden ließen. Jeder Riß ließ mich noch weniger die mit Härte und Verletzungen aufgeladene Wirklichkeit leben. Es war nicht nur einmal ein Guernica des Wortes, das sich an der Doppelbödigkeit wund stieß. Die anfänglich mich beschützende und mich erfüllende Kraft der Poesie, der schon immer gelebten Poesie, der lebendig gewordenen Poesie von C.'s Gedichten, mußte vielen Häßlichkeiten, die solch eine Verbindung gebiert, weichen und Kräfte verschleißend ausweichen. Das tief empfundene Gespräch stürzte nicht nur einmal aus seinem Miteinander.

Zwischen Himmel und Hölle lag eingespannt das Miteinander, das zu oft und zuviel durchlöchert wurde. Es war geradezu gefangen in den Seilen der richtungsgebenden Zügeln. Ich war wie ein Turnierpferd, das nur soweit ging, wie es sein Reiter zuließ. Der Radius war sehr klein. Manche Verlorenheit und Verlassenheit blieben zurück. Ich konnte es nicht fassen, daß vertrauensvolle und innige Gespräche in weniger als einer Woche preisgegeben oder ins Gegenteil verdreht wurden. Daß das Geheimnisvolle öffentlich und dadurch be- und verurteilt wurde, daß das, was hätte nach draußen dringen können, geheim war, nagte an mir wie ein eisiger Knochenfraß. Das Kalte Gedicht von C. ist nicht kälter als die erfahrenen und gelebten Stunden hinter grauen und fröstelnd machenden Gemäuern, in die ich zementiert war. Das Warum blieb immer unbeantwortet. Gegen die Gleichförmigkeiten des elenden Zustandes konnte ich immer weniger ein geistiges Gegengewicht entgegen setzen.

Bereits kleine Belanglosigkeiten, aber auch existenzielle Ereignisse brachten mich in atemlose Atemnöte. Der Balsam für die Seele war völlig trockengelegt, um mich noch gegen die Worte von K. wehren zu können. Erst viel später habe ich deren Wirklichkeit verstanden. Der Besuch von K. war ein Einschnitt, der das Miteinander ad absurdum führte. Die Umarmungen waren klirrend und die mitgebrachten roten Nelken waren Programm. Das wundervoll Poetische der ersten Begegnungen mit C. zerfiel in der Tyrannei des Gewohnten. Das Glückliche wurde zu einem Wrack, zu einem Skelett in der Überschwemmung des Alltäglichen, das nicht das meine war. Zu stark waren seine Schatten, seine Fangarme, die ich abzuschütteln nicht fähig war. So sehr an das echolose Schattendasein gewohnt, glaubte ich nicht mehr daran, aus dem schwer zugänglichen fünften Stockwerk, dessen eiserne Stille, dessen eisiges Schweigen wie ein Schrei hörbar war, jemals wieder die Treppe abwärts, die andere aufwärts gehen zu dürfen. Glaubte ich nicht mehr daran, leben zu dürfen ohne die Unterstützungen meiner karg gewordenen Umgebung. Glaubte ich nicht mehr daran, nicht mehr stundenlang durch das Fenster starren zu müssen, bis ich abgeholt wurde zu sekundendauernden Hetzeinkäufen. Glaubte ich nicht mehr daran ein Paket zu sein, das man abholte, das man abstellte, entweder am Hauptportal oder am Nebeneingang.

Wie soll ich die Zeit nach all der Zeit, in der ich ausschließlich Zaungast des Lebens war, benennen, die, die mich zurückgegeben hat an die Zeit, in der gelebt, in der gelacht, in der auch geliebt und gehaßt werden darf, in der Eifersucht, in der Zerwürfnisse, in der Begehren, in der Ekel, in der Glück, in der Freude Normalitäten sind, die nicht am Rande des Wahnsinns leben müssen, weil sie selbst das Leben sind. Die ersten unsicheren, aber wundervollen Schritte auf die Straße hinaus, gleichgültig ob sie eine von Platanen und Birken gesäumte oder mit Beton zugeschüttete ist, befreiten mich von den Fuß- und Hirnfesseln. Wie soll ich die noch kurze, mich in höchste emotionale Intensität versetzende Zeit beschreiben? Es genügt nicht, sie als schön, sie als leidenschaftsvolle, wundervolle Zeit zu benennen. Sie ist Wunder, sie ist Paradies, trotz der immer wieder auflodernden stillen Momente der Verzweiflung über die toten Zeiten. Sie ist aufgewühlt, wie der weiße Milchschaum des Cappuccinos, den ich nach Jahren wieder trinken kann. Sie ist mir ein Garten, den ich erfinden kann, der nun frei in meinen Gedanken blühende Gestalt annimmt, dessen Gräser und Blumen ich nur verwelkt gesehen habe. Sie ist mir Freund und nicht mehr feindlich in ihrer Ausdehnung der Sinnlosigkeiten. Sie ist mir wieder Lachen, das sich nicht mehr verkrampft. Sie ist mir ein Gespräch, das nicht mehr in den dunklen Gewölben des Kellers stattfindet. Sie ist bereits am Morgen freundlich und in einer Leichtigkeit anwesend, so als ob sie noch nie anders gestrahlt und geleuchtet hätte. Sie ist mir nicht mehr die Zeit, die auf der Rolltreppe unter dem fest und hart stampfenden Schritt des Flamenco-Tänzers zusammenfiel und als jahrelanges Trauma in mir hauste und auch wütete. Sie ist mir nicht mehr die Zeit, in der mich der Anblick eines kleinen rosa Schuhes in schmerzvolle Nöte brachte und mich der wöchentliche Besuch von Th. noch mehr in den undurchdringbaren Stacheldraht des Ausgestoßenen und des nicht in der Gemeinschaft Lebenden drängte. Wo sie vorher nur in den Unterkanälen vorhanden war und gearbeitet hat, reicht sie jetzt in den lichten Himmel. So groß und so gewaltig, geradezu überwältigend sind die Empfindungen, die Gefühle über das von neuem Neuerlebte. Sie kriechen langsam von den Zehenspitzen über die Haarspitzen in das Gehirn, in dem sie gleich einem Feuerwerk explodieren. In den prallsten Farben des Lebens. Es finden klangvolle Ouvertüren in meinen Händen statt, die bis in die Fingerkuppen vordringen und so tief sind wie der erlebte Schmerz an dem verräterischen Mittwoch im November Neunzehnhundertsiebenundachtzig. Manchmal erschrecke ich vor der Intensität meines Lebens. Es ist ein Raum geworden, der für mich kosmopolitisch ist. Diesen Kosmos erlebe ich doppelt, noch einmal auf meinem kleinen schwarzen Stuhl, auf dem ich stundenlang sitzen kann. Unbeweglich. Nur die Augen bewegen sich in die Zukunft. Eine Tasse Cappuccino vor mir. Ich trinke ihn schluckweise mit vollstem Genuss und mit jedem Nerv meines Körpers. Selbst die Zellen sind in Aufruhr. Sie schwingen mit, mit jedem Pendelschlag der Uhr. Ich bin außerhalb der Quadratur des Kreises. Tausendmal atme ich die Gedanken an die duftende, an die staubige, an die feuchte Stadtluft ein und wieder aus. Ich bekomme nicht genug davon. Sie, die Zeit, ist blauer als die Luft. Sie ist pulsierender Süden, trotz der Übermacht des Nordens. Sie ist Fest, ja sie ist Feierlichkeit der Tage. Sie ist ein schwebendes Fingerspiel, da wo die Finger vorher verkrampft und nass vor Aufregung waren. Sie ist selbst auch da schön, wo sie zusammengesetzt ist aus Clomipraminhydrochlorid und Amitriptylinhydrochlorid. Sie ist anfänglich noch ein Zittern, das sich legt, je mehr und weiter ich mich in die mir unbekannt gewordene Welt hinaus bewege und mich die Fremdheit der Menschen nicht mehr zutiefst erschreckt. Sie ist so zart, daß ich fürchte, daß sie zerbricht. Deshalb krieche ich in sie tief hinein, bis ich sie in ihrer Schönheit mehrfach erleben kann. Sie ist aber auch noch ängstlich, sich selbst wieder zu verlieren. Sie ist auch ganz profan, natürlich in ihrer

Alltäglichkeit. So fahre ich jetzt Auto und erlebe einen Freiraum, einen fast göttlich zu nennenden Raum. Sie ist Strom. Sie ist Strömung. Sie ist nach den tausend und mehreren Nächten voll von Licht. Gleich den Erzählungen der Scheherazades wird sie von Tag zu Tag schöner. Sie ist neu verwurzelt, nicht aber angekettet zwischen den Türen. Sie ist eine Treppe, die nicht mehr in das Untergeschoß des Schmerzes führt. Sie ist nach allen Richtungen offen. Nur manchmal fehlt der beschützende Haltegriff und ich bekomme Angst, aus meinem neuen Leben herauszustürzen. Sie ist Bummeln durch die Geschäfte, wie durch die Stunden. Sie ist Verweilen. Und sie ist Ausruhen von den gehetzten Zeiten. Sie ist Dankbarkeit. Dankbar gegenüber dem Glück, von der chemisch-biologischen Therapie von Prof. M. erfahren zu haben. Dankbar gegenüber den Menschen, die mich durch das abseitige Leben begleitet haben. Sie ist so tief wie das Schwarz eines Espressos. Ich kann wieder in der Fremde sein, auch zuhause. Und ich bin wieder verbunden mit den barocken Häuserzeilen im fernen Süden, an denen entlang ich schlendere mit viel Zeit, mit befreiter Zeit. Auch im Winter, im Gegenlicht des Frühlings, der nach achtzehn Jahren sich erstmals wieder zu mir gesellt.